10代からの批判的思考

社会を変える9つのヒント

［編著］

名嶋 義直

［著］

寺川 直樹　田中 俊亮
竹村 修文　後藤 玲子
今村 和宏　志田 陽子
佐藤 友則　古閑 涼二

この本を手に取ってくれた皆さんへ

名嶋義直

生きる力

皆さんは今どんな社会を生きていますか？

こう問いかけると、「わたしはまだ高校生なので社会には出ていません」、「僕は大学に入学したばかり。社会に出るのは3年後かな」、そんな答えが返ってきそうです。でも本当にそうでしょうか。考えてみたら、家庭も高校も大学もこの社会の中にあって、みんないま実際にその社会で生きているのですから「まだ社会に出ていない」と表現するのは矛盾する、とも言えそうな気がします。一方で、確かにわたしたちは「社会に出る」という慣用句を「学校を卒業して次のステージに進む」という意味でも使います。実際、この本の中でもそういう使い方をしているところがあります。

先に質問をしておいてなんですが、もう社会に出ている、まだ社会に出ていない、これから社会に出る、などと区別することはあまり重要ではないかもしれません。それよりも重要なのは、「社会を主体的に生きていくためには、それなりの知識や考え方や方法が求められる」、ということです。言い換えれば、「生きる力」が求められるということです。

この本は、皆さんのような若い人がその「生きる力」を身につけ、育て、伸ばしていくためのお手伝いをしたいと思って作りました。わたしも皆さんと同じような年頃の時代を経て、いろいろ学んだり、いろいろ失敗したり、行きつ戻りつしたりして、今に至りました。そして、年を取ってきたせいか、その中で身につけた「生きる力」を若い皆さんに伝えたいと思うようになりました。そこで今までの人生の中で知り合って一緒に仕事をしてきた人に声をかけて、同じ想いの人たちと一緒にこの本を作りました。別の言い方をすれば、この本は、皆さんよりちょっと（かなり？）長く生きてきたわたしたちの「おせっかい」です（笑）。

この本に書いてあることだけが「生きる力」ではありませんが、でもとても大切で必要なことを書いたつもりです。難しいことばや堅苦しい文章はなるべく使わないようにして書きましたので、あまり構えずに軽い気持ちで読んでみてください。

「批判的」って、なんかちょっと…

ただ一つだけ、絶対に誤解しないで読んでほしいことばがあります。「批判的」ということばです。タイトルにも入っていますし、いろんな章の中にも出てきます。

皆さんは「批判的」ということばにどんなイメージを持っていますか。たぶん10人に聞いたら10人とも「よくないイメージ」と答えると思います。確かに日常生活で見たり聞いたり言われたりする「批判的」ということばには、間違いを指摘して攻撃する、反対ばかりして非協力的、そんなニュアンスがついてまわります。でも学術的な研究の世界では全く逆で、「いい意味」で使われることがとても多いのです。この本でもいい意味で使っています。

驚きましたか？「（先行研究や研究課題を）批判的に検討する」というのは学術的な世界では「推奨される姿勢・態度」なのです。大学での学びにおいてもそうです。実は私も大学1年生になったとき、経済学の授業である先生から「テキストは批判的に読め」と言われました。でもその先生は私たちみたいにおせっかいではなかったので（笑）、批判的に読むとはどういうことかについてわかりやすい説明では教えてくれませんでした。そのため私が「そうか、批判的に読むというのはこういうことか」とか「批判的に読むことの重要性」とかがわかったのは、卒業から10年近く経って社会人入試を受けて大学院に入学してからでした。

「批判的に考える」とか「批判的思考」とか「批判的姿勢」というのは、簡単に言うと「一歩立ち止まってじっくり考えてみる」姿勢を言います。だから「よいこと」なのです。「ん？」と何かが引っかかった時、それは批判的思考のやる気スイッチが入ったときです。さっと読み流したり聞き流したりせずに、「ほんとかな？」「ちょっと違うんじゃない？」「なぜそう言えるんだろう？」「根拠は？」「っていうことは、つまりこういうことかな」「いや、こうとも言えるんじゃないか」「逆の意見はないのかな」「他の人はどう考えているのだろう」など、じっくり考えてみる。それが「批判的」という姿勢で、とてもとても大切なことなのです。

さらに言うと、この「批判的に考える」という姿勢と実践は、今さかんに言われる「アクティブ・ラーニング」の本質そのものなのです。

ではここで質問です。Aに答えを書いてみてください。

Q：「アクティブ・ラーニング」では自分で調べたりデータを集めたりグループなどで話し合って深く考えたりします。なぜそのような活動をするのでしょうか。

A：

「先生にやれって言われたから」「そういう手順でするものだから」、そんなふうに思っていませんか。さあ、批判的思考の出番です。なぜ自分で調べたりデータを集めたりするのでしょうか。なぜ他者と議論したりして深く考

えるのでしょうか。もっと知りたいこと、明らかにしたいこと、確かめたいことがあるからですよね。じゃあ、そのもっと知りたいこと、明らかにしたいこと、確かめたいことはどこから出てくるのでしょうか。そうです。自分自身の批判的な姿勢や批判的思考から生まれるのです。そういう意味で、この本は「本当のアクティブ・ラーニング」に導いてくれる本であると言えるかもしれません。

では簡単に読み方のアドバイス（おせっかい）をしたいと思います。

人生は旅

この本は九つの章から成り立っています。後でそれぞれの章の紹介をしますが、第1章から第9章の順に、学校→仕事のように、自分の足元の世界から、だんだん外の世界・広い世界へと進んで行くイメージで全体を捉えてみてください。また日本→海外、という広がりもイメージできると思います。もう少し違う観点から見てみると、ある状況を観察する→受け止める→考える、という流れもあれば、情報を受け止める→情報を発信する、という広がりも持っています。「状況や問題を所与のもの（今そこにあるもの）として受け止める」ことから「状況を変えたり問題を解決したりしていく」という展開も見出せると思います。

この本はこのように、九つの章が少しづつ、また時には章を超えて関連し合いながらつながっていて、皆さんが読み進めて行くにつれて、今自分がいる世界からもっと外の世界・さらに広い世界へ旅に出て行く、そんなイメージで作られています。人生は旅のようなものと言いますよね。この本を読みながら外の世界・広い世界へ旅に出てください。もちろんどの章から読んでもいいのですが、第1章から順番に読んでもらうと、その世界の広がりをもっともダイナミックに感じてもらえると思います。ぜひ旅に出てください。外には広い世界が皆さんを待っています。この本はそんな旅のお供になるプレゼントです。

いくつかの読み方

この本の目的は「生きる力」を伸ばすお手伝いだと書きました。その目的を少しでも達成するために、本文の中にQ&Aを組み込んでいます。またQ&Aという形は取っていなくても、本文の中で質問を受けたり語りかけられたりすることがあります。その時にはそのまま読み流さずに「一歩立ち止まって少し考える」ことを実行してみてください。また「当たり前だと思っていたこと」を質問されるかもしれません。そういう時はその当たり前を「ほんとかな?」と少し距離を置いてもう一度考えてみてください。「なぜ?」とか「そう考える根拠は何かな?」とか著者に問いかけながら読むことも重要です。そういう姿勢をこの本では「批判的に考える」姿勢と呼んで重要視しています。

問いの中には簡単には答えられないものがあるかもしれません。そんな時は「自分でいろいろ調べる」などしてみてください。また、自分で考えたり調べたりしても答えが出ない問いがあるかもしれません。その場合でも「考えることを諦めない」で、「どこまで答えられるのか、どこから答えられないのか」を考えてみてください。

そして、考えたことを身近な人と「対話」してみてください。「他者の考え」は「自分にはない視点」を教えてくれる大切な学びのための資産です。また逆に見れば、あなたの視点が他者の学びに寄与するとも言えます。この「対話を通して学び合う」姿勢を持ってください。

もしかしたら皆さんの中には「自分の意見を言う」ということを恥ずかしがったり、なんか目立ってしまって嫌だと感じたり、自分は偏っていると思ったりする人がいるかもしれませんが、わたしたち一人ひとりは別々の人間ですから違った考えを持っているのが普通です。そして違った考えを持っているからこそ、ことばを使って「対話」してお互いを理解し合おうと努力しなければならないのです。もちろん分かり合える時ばかりではないでしょう。時には意見が対立したりまとまらなかったりして摩擦を感じたり、イライラしたりするかもしれません。でもその「対立したり衝突したりする状態をなんとか調整していくこと」は大切な「生きる力」なのです。もしここで言っている「対話しながら学ぶこと」がどういうことか腑に落ちなかったら、先に第2章、第3章、第4章、第6章を読んでみるとイメージがつかめるかもしれません。

「一歩立ち止まって少し考える」「当たり前だと思っていたことを改めて考えてみる」「自分で調べる」「考えることを諦めない」「対話する」「他者の視点から学ぶ」「対立したり衝突したりする状態をなんとか調整する」といったことを意識しながら読んでもらうと「生きる力」がぐんっと伸びると思います。

情報にアクセスする

いま「自分で調べる」と書きましたが、そんなことを言われても何をどうやって調べたらいいのかわからない、という声が聞こえてきそうです。そこで、いくつか調べ方を紹介しておきましょう。

本文の中に図や表が出てくる場合があります。その時はそのデータが確認できるウェブサイトを探したり数字を確認したりして、その図表が示している意味を考えてみてください。数字を覚えるのではなく数字の持っている意味を考えてみることが重要です。

人の名前が出てきたら、その人名をネットで検索してみたり、その人が書いた本を探して読んでみたりするのも良い方法です。どの本の、どのページ、どのサイト、といった詳しい情報のありかが明示されている場合はぜひそれを手掛かりに自分で調べてみてください。たとえば、本文中に「名嶋（2019: 18）」などと書いてあったら、その章の一番最後の「参考文献・資料」というリストをみてください。そこに「名嶋義直（2019）」という表示があるはずです。そこには名嶋義直が2019年に発表した本や論文の詳しい題名や出版社、論文の場合は収録されている書籍名とページ、出版社が記されています。その情報をもとに図書館などで探してみてください。専門書なら大学図書館で調べてみるのもいいと思います。大学というものは「地域の知のリソース（資源）」なので、手続きをすれば大学生でなくても図書を閲覧することができると思います。著作権に関する法律で決められた範囲内でコピー（有料）も取れると思います。また検索してみたら家から遠い大学の図書館に本があるのはわかったけどそこまでは行けない、という場合は、最寄りの大学の図書館を通して取り寄せて閲覧するということができる場合もあります。大学図書館のカウンターで相談してみてください。

ネットは便利でいろいろな調べ物に欠かせません。キーワードになることばを使って検索し、ヒットした情報から学ぶということもおすすめです。ただし、ネットの情報には嘘やデマの類も紛れ込んでいるので、それらを見極める目も求められます。これも大切な「生きる力」です。自分にはその力がないと心配なら、先に第6章を読んでみるのもよいと思います。

書いてあることを読んで自分でそれに当てはまる例を考えてみるというのも良い読み方だと思います。「こう書いているけど、それはつまりこういうことかな」と例を考える。実際にその例を筆者に見せるわけではありませんが、筆者と頭の中で対話するような感じですね。実例が思い浮かばなくても、実際には経験したことがなくても、わたしたちは多少は想像してみることができますが、一方で経験がないと想像のしようがないこともあります。自分がまだ見たことのない世界、入ったことのない世界の話は難しく感じてしまうかもしれません。この本で言えば、第5章とか第7章、第8章、第9章のように、遠い世界、広い世界の話になればなるほどそう感じるかもしれません。その時は周囲を見渡してみてください。必ずその世界の体験者、その事例の経験者がいるはずです。そのような人が見つかれば実例を尋ねてみてください。そこでも「対話」が重要になります。学んだり調べたりすることに役に立つものは何でもどんどん使いましょう。人間も一つのリソースです。まさに生きた教材です。

各章の紹介

第1章から第3章までは「学校」に関する内容です。

第1章は「校則」について考えます。校則は学校生活に関する規則ですが、規則は社会のいろいろなところに存在するものですので、校則について考えながら「自由と秩序」や「規則を変える／作る」ことについて、社会の一員として主体的に生きていくことについて考える内容になっています。また本書の重要なテーマである「批判的に考える」ということについても説明をしています。

第2章は「いじめ」について取り上げます。「いじめはよくないことだからやめよう」と多くの人が思っていても、悲しいことですが、現実にはいじめは一向になくなりません。なぜでしょうか。簡単でわかりやすい結論を出すのではなく、いじめについてじっくり考えてみようという趣旨の章です。2人の生徒と先生とがいじめについて話し合う語りを中心とし、ところどころで筆者がいろいろな考えを紹介したりそれについて意見を述べたりする形で構成されています。読み終わったらぜひ最後のQをじっくり考えてみてください。

第3章は、ひとくちに「高校」と言ってもいろいろな選択肢があるということを、先生と卒業生、息子と母親、高校中退した会社員と先生との対話を読みながら考えるものです。選択肢の数が多いということは、それだけ自由度が高まるということです。人は一人ひとり多様です。自分に合った学び方を自分でデザインすることができるよう選択肢はたくさん持っておいたほうがいいですね。それも主体的に生きるための「生きる力」です。

第4章と第5章は「働く／仕事」というテーマでまとめることができる内容の章です。第4章は「生涯学習とキャリア教育」を取り上げています。その意味では第3章とも繋がりがあるのですが、第5章の「仕事」というテーマとも関わるものです。「学ぶ」ということは学生の時だけ必要なことではないし、多様化する社会と高齢化社会という点から、長い視野で自分の生き方（キャリア）を自分で考える必要があるということを、第3章と同じく当事者の対話を読みながら考える形になっています。読んだあとはぜひ自分のキャリアについて考えてみてほしいと思います。

第5章は「仕事って？」というテーマで書かれています。「仕事って働くことでしょ。当たり前じゃない」って思うかもしれませんが、では、わたしたちはなぜ働くのでしょうか。お金のためでしょうか。生活のためでしょうか。金銭的対価を伴わない作業は仕事ではないのでしょうか。また、働くことも「生活」の一部なのではないでしょうか。仕事と生活、仕事と社会、生きることと働くこととの関係を「ワーク・ライフ・バランス」という視点から考えていきます。いま働いている人もこれから働く人も、自分だけではなく、人が人として幸せに生きていくということについて考えてみてください。

第6章と第7章はすこしテーマが変わります。ともに「情報とどう付き合うか」ということについて考えます。第6章は「メディアの情報をいかに読むか」ということについて考えます。主に「受信」面に焦点を当てています。この章も対話調で書かれています。登場するのは大学生ですが、日本人学生もいれば外国人留学生もいます。本文中にいくつもQが出てきますので、それについて考えを巡らせながら、大学の授業に参加する気持ちで読んでみてください。もちろん最後にもQが用意されています。学期末のレポートのようですね。読み終わったら、そこから学んだことを、普段の生活で情報を受け取る際に実践してほしいと思います。

第7章は「表現の自由」について考えます。第6章との対比で言えば、こちらは「発信」面に焦点が当たっていると言えますが、それだけではなく話は「規則（法律）」や「自由」「民主主義」という内容に展開していきます。表現の自由がある社会で、答えの出ないものや「異論」とうまく調整しながら生きていくことが「多くの人とともに一緒に生きる」ことなのだという筆者の主張は、本書の旅の最後にたどり着く第8章・第9章にもつながっていきますし、その一方で、「規則」という点では第1章に、「社会で皆と一緒に働く」という意味では第5章に、「学校で皆と一緒に学ぶ」という意味では、第1章〜第4章にも戻っていきます。

本書の旅の終着点は第8章と第9章です。旅の歩みを進めるつれて、考える対象はどんどん大きく広くなってきました。ここではともに社会の多様性について考えます。第8章のテーマは「日本における多文化共生」です。皆さんはいま日本にどれぐらいの外国人が生活していると思いますか。どれくらいの外国の人が一定期間日本に住んで働いていると思いますか。すでに日本は実質的には多文化社会になっていると言えますが、わたしたちの意識や社会のシステムはその現実に追いついておらず、多文化「共生」社会にはなっていないと言えるかもしれません。当たり前だと思っていた日本社会や価値観を批判的に問い直し、多文化共生社会について考えてみましょう。その多文化共生社会はこれから何十年と生きていく皆さんが実際に生きていく社会なのですから、これを機会に「自分ごと」として考えてみてください。

第8章は日本国内の話が中心でしたが、第9章は日本の外、「世界」を生きるという話です。「グローバル人材」ということばは一度は見たり聞いたりしたことがあると思います。これは決して英語ができるとか外資系企業で働いているとかいうことではありません。そもそも日本に住んでいてなぜ海外を目指すという選択肢が必要になるのでしょうか。日本社会を世界の諸国との比較という視野で見てみると…。第9章はそんな話から入っていきます。海外を拠点にしてグローバルな人として生きるということは、多様なキャリア、多様な働き方、多文化共生社会、そんなところともつながります。自分の生き方の選択肢の一つとしてグローバルな生き方を考えてみてはどうですか。

よい旅を!

第1章から第9章までの内容を見てわかると思いますが、それぞれの章で取り上げているテーマは具体的な事例としては個別的なものです。しかしそこを入り口としていろいろ考える実践は、今後さまざまな場面や局面で必要になってくるもので、まさに「生きる力」につながるものです。またこの本を読みながら、自分で考えたり、友達や先生と一緒に考えたり、時には議論して対立したりといった経験も、皆さんにとってとても大切な「生きる力」になるはずです。この本は、知識・考え方（理念や価値観など）・実践する方法、といった多面的な「生きる力」を、この1冊の中で少しでも伸ばしてもらえたらいいなあと思って作りました。

もしかしたらその「生きる力」はすぐには必要にならないかもしれません。逆に読む前からすでにそのような

「生きる力」を必要としている人もいるかもしれません。読者の皆さんにとって、この本が「社会を主体的に生きていく」上での地図やコンパスのようなものになればとても嬉しいです。この本で学んだことをカバンに詰め込んで自分の旅に出てください。

では、皆さん、よい旅を！

10代からの批判的思考——社会を変える9つのヒント ◎ 目次

第6章　メディアを読む力、問いかける力

第7章 「表現の自由」って何ですか？……志田陽子 187

第1章　校則（ルール）って？

寺川直樹

みなさんの身近には、どのようなルールがあるでしょうか。本章を読みはじめるまえに、まずは身近なルールについて思いうかべてみてください。Aのところに書きだしてみましょう。

Q：みなさんの身近にあるルールを挙げてください。
A：

さて、どうでしょうか。例をいくつか挙げてみると、家のなかではスマートフォンにかんするルール、さらには門限などがあるでしょう。また、学校には校則がありますし、自転車の乗り方にもルールがあります。

このように、世の中には多種多様なルールが存在します。そうしたルールについて、みなさんはどのような印象を抱いているでしょうか。守らなければならないと頭でわかっていても、「そんなルール、なければいいのに」、と思うこともしばしばあるかもしれません。ルールはなぜ存在するのでしょうか。それはなぜ必要なのでしょうか。

そこで、これから校則をはじめとするルールについて一緒に考えてみましょう。なお、本章では、校則を中心に議論を展開していきますが、その内容のほとんどがルール一般に通じます。そのため、以下では校則にとどまらず、ルール一般についてもあわせて考えていきます。ちなみに、ルールについては、第7章「『表現の自由』って何ですか？」でもたびたび取りあげられていますので、その内容と照らしあわせながら読んでみることもおすすめです。

1　こんな校則（ルール）がなぜあるの？

校則は、みなさんにとって身近なルールの一つでしょう。まずは、この校則について考えていきながら、ルール一般へと話題を展開していきたいと思います。

(1) ブラック校則

２０１７年10月、地毛の黒染めを強要されたことで不登校となった生徒による訴訟をきっかけに、ブラック校則が社会問題となりました。そこで立ちあがったのが、「ブラック校則をなくそう！」プロジェクト（2017）です。同プロジェクトによれば、ブラック校則とは、「一般社会から見れば明らかにおかしい校則や生徒心得、学校独自ルールなどの総称」を指します。具体的には、以下のようなものがブラック校則の例として挙げられています。

● 地毛を黒髪に強制的に染髪させるというような傷害行為の疑いがあるもの
● 地毛証明を提出させるなど個人の尊厳を損なうもの
● 水飲み禁止など生命の危機・健康を損ねること
● 下着の色の指定とそのチェックなどハラスメント行為

ブラック校則は、たしかに「一般社会から見れば明らかにおかしい」ものです。もしみなさんが通う学校にブラック校則があったとすれば、みなさんはどうするでしょうか。

（「ブラック校則をなくそう！」プロジェクト 2017）

Q：ブラック校則を甘んじて引きうけますか、それともなくそうとしますか。なくそうとする場合には、どのように行動すればよいと思いますか。

A：

この時点では、ヒントや私の考えをあえて出しません。というのも、それらについてはこのあと順次述べていくからです。そのため、本章を読みおえたあとに、もう一度この問いやそれに対する最初の印象・答えに立ちかえり、考え方などが変わったかどうかを確認してみてください。それでは、まずは（ブラック）校則について一緒に考えていきましょう。

（2）校則はなぜあるのか？

さて、ブラック校則もさることながら、校則がそもそもどうしてあるのかということに疑問を持つ人も多いのではないでしょうか。ここで、デュルケムの言葉に耳を傾けてみましょう。彼は19世紀から20世紀にかけてフランスで活躍した著名な社会学者です。社会学とは人間およびその人間を取りまく社会について研究する学問であり、デュルケムは教育にかんする著作も数多く残しました。その著作の一つにおいて、彼は校則（学校規則）の教育的意義について指摘しています。

子どもが規則を尊ぶことを学び、またそうしなければならないがゆえに自制し、我儘を捨てる習慣を身につけるのは、学校規則の尊重を通じてである。（デュルケム 2010: 257）

デュルケムによれば、私たちは校則（学校規則）を尊重することで、社会のルール（規則）全般を尊重するとともに、自制心を身につけ自律することができるようになります。このような考え方は、現代日本の道徳教育にもみられる視点です。小学校および中学校で実施されている「特別の教科 道徳」（以下、道徳科）では、取りあつかうべき内容項目として「遵法精神、公徳心」や「自主、自律、自由と責任」が掲げられています（文部科学省 2017: 25）。もちろん、上記の内容項目は、校則を守ることによってのみ身につけられるわけではありません。しかし、校則はそれらを学ぶうえで大きな役割を果たしていると言えるでしょう。

また、生徒指導の理論や方法がまとめられている「生徒指導提要」によれば、校則とはつぎのように説明されています。

校則は、学校が教育目的を実現していく過程において、児童生徒が遵守すべき学習上、生活上の規律として定められており、（中略）児童生徒が健全な学校生活を営み、よりよく成長していくための行動の指針として、各学校において定められています。（文部科学省 2010: 205）

デュルケムの指摘と同様に、現代日本の学校教育においても、校則にはやはり教育的意義があると考えられています。しかも、校則を定めるための根拠となる法令が特にあるわけではないにもかかわらず、判例でもその設置が認められているのです（文部科学省 2010: 205）。そして、その校則の教育的意義を効果あるものにするためにも、社会環境やみなさん（児童生徒）の状況などの変化に応じて、校則をみなさん自身に見なおしてもらい、自主的に守るように指導する意義についても言及されています。

学校を取り巻く社会環境や児童生徒の状況は変化するため、校則の内容は、児童生徒の実情、保護者の考え方、地域の状況、社会の常識、時代の進展などを踏まえたものになっているか、絶えず積極的に見直さなければなりません。

校則の内容の見直しは、最終的には教育に責任を負う校長の権限ですが、見直しについて、（中略）児童生徒や保護者が何らかの形で参加する例もあります。（中略）

このように、校則の見直しは、校則に対する理解を深め、校則を自分たちのものとして守っていこうとする態度を養うことにつながり、児童生徒の主体性を培う機会にもなります。（文部科学省 2010: 206）

さきほども述べたように、本来の校則には教育的意義があります。しかし、ブラック校則がそのような本来の校則とは相いれないことは、すでに確認したとおりです。このように考えていくと、ブラック校則は「校則」の名に値せず、むしろ「拘束」そのものなのではないでしょうか。そして、「生徒指導提要」でも言及されているように、校則は社会環境やみなさん（児童生徒）の状況などの変化に応じて見なおしをする必要があるのです。この点については、本章第3節『「よりよい」ルール（校則）の創造へ』で詳しく考えてみたいと思います（なお、校則を見なおす方法についてすぐに考えたい方は、本章第3節（2）「ルール（校則）と主体的に向きあおう！」に進んでください）。

（3）校則（ルール）を守ろうとするあまり…

さて、繰りかえしになりますが、校則は教育的意義を本来有しています。しかし、校則を守ることを優先するあまり、悲惨な出来事が起こったこともありました。１９９０年7月、神戸市内の高校で、ある先生が遅刻を取りしまるために校門の門扉を閉めようとしたとき、一人の女子生徒が頭を挟まれ、亡くなってしまいました。

もちろん、こうした校門指導が行われるようになった背景には、それ相応の経緯がありました。事件があった高校の当時の資料によると、一日平均20人から30人が遅刻していたようです（細井 1993: 56）。そこで、校門指導をはじめとする生徒指導を行った結果、遅刻者が徐々に減ったと言われています（細井 1993: 105）。

このように、校門指導（校則）には教育的効果があったとはいえ、一人の生徒の命を奪う結果になったとすれば、その指導方法に問題がなかったとはかならずしも言い切れないでしょう。校則（ルール）を守ることを重視するあまり、他のルール、すなわち誰も不当に生命を奪われないという生命権を侵害してしまったのです。校則をはじめとするルールを守ることは、たしかに重要です。しかしこの事例は、ルール（校則）を守ることの意味をあらためて私たちに問うような出来事だと言えるのではないでしょうか。

（4）世の中の「おや?」と思うルール

さて、ブラック校則だけにとどまらず、世の中にも「おや?」と思うルールは数多くあります。ここでは、その一例を取りあげてみましょう。

２０１９年10月より、幼児教育・保育の無償化が始まりました（なお、無条件に無償となるのは、正確には3歳から5歳までのすべての子どもの利用者負担に限られます）。幼児教育・保育の無償化は、もちろん重要なことではあります。しかし、この幼児教育・保育の無償化にかんする法案は、国会で審議されたさいに多くの批判を浴びていま

表1・1　国が定める利用者負担の上限額の基準（月額）

保育認定の子ども（2号認定：満3歳以上）		
階層区分	利用者負担	
	保育標準時間	保育短時間
①　生活保護世帯	0円	0円
②　市町村民税非課税世帯	6,000円	6,000円
③　所得割課税額48,600円未満	16,500円	16,300円
④　所得割課税額97,000円未満	27,000円	26,600円
⑤　所得割課税額169,000円未満	41,500円	40,900円
⑥　所得割課税額301,000円未満	58,000円	57,100円
⑦　所得割課税額397,000円未満	77,000円	75,800円
⑧　所得割課税額397,000円以上	101,000円	99,400円

内閣府・文部科学省・厚生労働省（2015: 7）より一部抜粋

した。その論拠として取りあげられていたのが、表1・1です。これは、幼児教育・保育が無償化される以前に国が定めていた利用者負担の上限額にかんする基準を示しています。

Q：幼児教育・保育の無償化にかんする法案は、なぜ批判を浴びたのでしょうか。表1・1をもとに考えてみましょう。

A：

各世帯の利用者負担額を比べてみてください。すると、利用者負担額が所得割課税額、より簡単に言いかえれば各世帯が得ている給料に応じて傾斜配分されていることがわかります。このように、幼児教育・保育の利用者負担については国が上限を元来定めており、低所得者層の負担は減免されていました。つまり、幼児教育・保育の無償化によって得をするのは、むしろ高所得者層ではないか、と予想されます。それゆえに、この法案は批判を浴びたのです。

さらに、幼児教育・保育の無償化が批判されたもう一つの理由としては、幼児教育・保育の分野では、無償化よりも早急に対応すべき課題が数多くあることが挙げられます。「保育園落ちた日本死ね!!!」というインターネット上の書きこみがきっかけとなり、待機児童問題が社会問題としてひろく認知されるようになったのが2016年のことでした。しかし、2020年現在もなお、待機児童問題が解消されたわけではありません。利用者負担が高額であるためにこれまで保育園や幼稚園を利用していなかった高所得者層が、幼児教育・保育の無償化をきっかけに子どもを入園させるようになれば、待機児童問題はより深刻になるでしょう。また、それと密接に関わる問題として、保育士不足も深刻です。くわえて、幼児教育・保育の無償化は、第8章「豊かでプライドが持てる日本が続くために――多文化共生」のテーマである「多文化共生」の観点からも問題があります。というのも、朝鮮学校幼稚部のような外国にルーツをもつ子どもが通う幼稚園・保育園は、無償化の対象外となっているからです。

ルールとは、本来何のために、そして誰のためにあるのでしょうか。

2 自由とルール（秩序）

ここで、つぎの話題に移るまえに、私の体験談についてふれたいと思います。私が通っていた高校には、校則らしい校則はありませんでした。そのような「自由」な校風のなかで充実した高校生活を送ることができたのですが、先生方はつねづね、私たちにこうおっしゃっていました、「自由をはき違えるな！」と。

当時はその意味を十分に汲みとることができなかった、と今になって反省しているところですが、その言葉は、校則をはじめとするルールについて一緒に考えている私たちに重要なヒントを与えてくれるように思います。そこで、以下では「自由」と「ルール（秩序）」との関係について考えてみましょう。なお、自由については、第2章第5節（2）「いじめを『権力』として考える」および第7章「『表現の自由』って何ですか？」でも取りあげられているので、その内容もあわせて参照してもらえると、より深く考えることができると思います。

（1）厳密な意味での自由は成りたつのか？

そもそも、自由とはどのような状態を指すのでしょうか。そこで質問です。

Q：みなさんは、どのようなときに「私は自由だ」と感じますか。
A：

さて、どうでしょうか。友達と遊ぶ時間や部屋でくつろぐ時間など、おのおの自由なひとときを思いうかべたのではないでしょうか。しかし、それらにはある共通点があります。それは、自由なひとときのまえにはその自由なひとときを制限する時間がかならずあるということです（もしかすると、多くのみなさんにとってそれは学校での授業、さらには本書を読むことかもしれませんが…）。

このように、自由とは、なんらかの制約や条件から解放されていることを意味します。しかし、さまざまなことから自分を解放しようとしても、私たちは生きている以上、あらゆることから解放されることはないのです。たとえば、友達と遊んでいるときに自由だと感じるためには、友達や遊び道具などが必要です。また、部屋でくつろいでいるときに自由だと感じる人は、くつろぐための（自分の）部屋などが欠かせないでしょう。さらに、私たちは生きるために食事や睡眠が必要ですし、お金も不可欠です。「私は自由だ！」と豪語する人は、ぜひ反例を挙げてみてください。それらの例のなかにも、なんらかの制約や条件がかならずあるはずです。つまり、私たちはさまざまな制約などのもとで、言いかえれば「限りあるなかで生きる」しかないと言えるでしょう。

(2)「限りあるなかでの自由」

私たちは人間として生きる以上、厳密な意味で自由であることは残念ながら叶いません。先述のように、私たちは「限りあるなかで生きる」しかないのです。

この「限りあるなかで生きる」ということは、一見すると自由が制約されているように感じられるかもしれません。自由の意味を正しく理解していなかった高校時代の私なら、きっとそう思ったことでしょう。しかし、それはかならずしも悲観すべきことではないのかもしれません。そこで注目したいのが、ゲーテの言葉です。ゲーテはドイツを代表する文豪で、18世紀から19世紀にかけて詩人、小説家、劇作家として多くの作品を残しただけでなく、自然研究者や政治家としてもその才能を発揮しました。このように多才な彼が残した名言の数々は、現在もなお多くの人に語りつがれています。そしてそのなかには、ここで話題としている自由にかんする名言もあります。

> わたしは自由だ、と宣言してみるがいい。きみはたちまち、束縛されていることを感じるだろう。自分は制約されていると、強く宣言できる人間が、真の自由を知っている。(ゲーテ 1961: 173)
>
> ただ制約に甘んじるのは、みじめ極まる状態だ。すぐれた人々のまえに出て、いまさら自分の制約を痛感させられるのは、一そう不安である。だが、この不安が人間を高める。(ゲーテ 1961: 179)
>
> 深い洞察をもって、自分が制約されたものであることを自覚した人間は、ほぼ「完全」にちかい。(ゲーテ 1961: 179)

私たちはさまざまな制約のもとで、すなわち「限りあるなかで生きている」ことを自覚し、それを「たにんごと」ではなく「じぶんごと」として引きうけることではじめて「真の自由」、すなわち「限りあるなかでの自由」

を知るとともに人間として成長することができるのだ、とゲーテは教えてくれています。このように、私たち人間は、「限りあるなかで生きる」しかないということを自覚することで、制約はあるものの「真の自由」を獲得することができるのです。

ここまで述べてきたように、私たちは人間として生きる以上、制約なき完全な自由の状態にあることはできません。そして、そのようななかで人間がいかに生きるべきかを考えるとき、「限りあるなかで生きる」ことを宿命づけられた私たち人間が進むべき道筋をゲーテは示してくれている、と私は思います。だからこそ、私はゲーテの言葉に共感を覚えるのです。

Q：みなさんは、「自由」にかんするゲーテの見解に納得できますか（その理由も含む）。
A：

（3）人間の「限りあるなかでの自由」を支えるルール（秩序）

ここで、私たち人間が「限りあるなかで生きる」ことになる要因の一つについて取りあげてみたいと思います。それは「ルール（秩序）」です。

まずは、つぎのように考えてみましょう。もし私たち人間がルール（秩序）なき自由の状態にあるとすれば、世の中はどうなるでしょうか。その場合、犯罪に手を染める人が増えたりするなど、さまざまな問題が噴出することが予想されます。

つまり、ルール（秩序）なき自由はたんなる無秩序であり、ゲーテが語る「真の自由」、すなわち人間の「限りあるなかでの自由」ではないと考えられます。言いかえれば、ルール（秩序）なくして私たち人間の自由は成りたたないのです。むしろ、ルール（秩序）によってはじめて、私たち人間の自由がたしかなものとして保障されることになります。

そして、その点を「考え、議論する」ことを、現代日本の道徳教育は目ざしているのです。「中学校学習指導要領（平成29年告示）解説　特別の教科　道徳編」では、ルール（「法やきまり」）について、以下のように述べられています。

「法やきまり」は、（中略）集団に秩序を与え、摩擦を最小限にするために、人間の知恵が生み出したものであることや、社会の秩序と規律を守ることによって、個人の自由が保障されるということを理解することは大切である。（文部科学省 2017: 44）

このように、「遵法精神、公徳心」、さらには「自主、自律、自由と責任」といった内容について「考え、議論する」ことこそ、みなさんが受けてきた（もしくは現在受けている）道徳科の授業なのです。

（4）歴史上勝ちとった権利としての自由

なお、ルール（秩序）が私たち人間の自由を保障することを裏づける根拠は、歴史のうちに垣間見ることができます。その一例として、ここでは選挙権を取りあげてみましょう。

現在でこそ、選挙権は満18歳になると、「当たり前」のように付与されるようになりました。しかし、世界の歴史を振りかえると、19世紀半ばまでは、多くの一般民衆には選挙権が与えられていませんでした。つまり、選挙権は、私たちが歴史上勝ちとってきた「権利」なのです。

権利とは、私たちの自由を保障するための重要な考え方を指します。そして、この選挙権をはじめとする多くの諸権利が、憲法や法律、すなわちルールによって保障されています。もし憲法などが一部の人にとって都合のよいように変更されて、私たちの権利、すなわち自由が保障されなくなってしまったとすれば、私たちの現在の生活は「当たり前」ではなくなってしまうかもしれません。

そのためにも、私たちは主権者として、選挙権を行使する必要があります。それは権利である以上、放棄することもたしかにできるでしょう。しかし、憲法などが一部の人にとって都合がよいように変更され、先人たちがその血を流して獲得してきた権利（自由）が侵害されたとすれば、私たちは先人たちの努力をないがしろにしてしまうことになるのではないでしょうか。

哲学・倫理学の研究者であり、現代日本の道徳教育にも大きな影響を与えている河野哲也（2011: 13）は、「現代社会における道徳教育とは、リベラルな民主主義社会を維持し、発展させる働きを担う主権者を育成することに他ならない」と述べています。民主主義や主権者は、第7章第5節「『こんなルールは困る』と思ったら？」でも取りあげられている重要なキーワードですが、彼によれば、主権者には以下のような「最低限の義務」が課せられているのです。

> あらゆる人が政治的参加を人生の中心的な義務に感じる必要はないが、主権者に課せられた最低限の義務として、自分の主権を代行している者（すなわち、立法、行政、司法に関わる者）を統治することがあげられる。ここでいう統治とは、制御下に置く、監視するという意味合いである。（河野 2011: 211-212）

このように、みずからの自由を守るべく選挙権を行使するなど、私たちの主権を代行している人たちの行動を制御したり監視したりすることは、私たちの義務なのではないでしょうか。それでは、第7章第5節（2）「民主主義の社会の仕組みを支える権利」などを参考にしながら、以下の質問について考えてみてください。

Q：どのようにすれば、私たちの主権を代行している人たちの行動を制御したり監視したりすることができると思いますか。

A：

(5) ルールを支える基盤としての倫理と日本人の人間観

また、こうしたルールを支える基盤となるのが「倫理」です。そしてこの倫理、とりわけ日本人の倫理観について、20世紀の倫理学者である和辻哲郎は学問的に究明していきました。彼は倫理について、つぎのように述べています。

> 倫理とは人間共同態の存在根柢として、種々の共同態に実現せられるものである。それは人々の間柄の道であり秩序であって、それあるがゆえに間柄そのものが可能にせられる。(和辻 2007: 17)

つまり、倫理とは、人間関係(「人々の間柄」)において守るべき秩序(「道」)を意味します。この倫理という基盤のうえに、さまざまなルールが成りたっているのです。だからこそ、ルールはこれまでたびたび取りあげてきた道徳教育とも密接にかかわることになります。また、上記引用で、和辻は「人間共同態」という表現を使っていますが、それは私たち日本人の人間理解をうまく言いあてています。そこで、今度は人間という表現について掘りさげてみましょう。

人間という言葉は、現在個人の意味で用いられたり理解されたりすることが多いかもしれません。しかし、それならば「人」という文字だけで十分なのではないでしょうか。私たちは、なぜ「間」という文字を「人」と一緒に用いて「人間」と表現するのでしょうか。

世も間も中もともに単なる時間的あるいは空間的意味から脱して人間共同態や人間関係を意味する（中略）。（和辻 2007: 35–36）

このように、「世」「間」「中」とは、「個人が共にある状態」としての共同態、すなわち社会を意味します。だからこそ、私たちは社会という言葉を、「世間」や「世の中」と言いかえることに気づいた人もいるのではないでしょうか。それればかりか、人という言葉自体にも他者や共同態の意味が含まれている、とも和辻は指摘しています。

「ひと」という言葉は自、他、世人等の意味を含蓄しつつ、すでに世間という意味をさえも示唆しているのである。（和辻 2007: 21）

つまり、日本人の伝統的な人間観においては、もちろん「私」という人間の個人性も含まれますが、むしろ「共同態としての人間」、すなわち「私たち」という視点が、西洋の個人主義的人間観と対比すると際だってくるのです。なお、第5章第4節「仕事と生活の『適度』な組み合わせ――どのように？」では、「共同態としての人間」のあり方をワーク・ライフ・バランスとの関連から考察していますので、その内容もあわせて参照してみてください。

さて、こうした人間観・倫理観に根ざす私たち日本人にとって、ルール（秩序）は重要なものなのです。それゆえに、ややもすると自由をよしとしない傾向もみられます。それはたとえば、「出る杭は打たれる」という言い回しに象徴されるでしょう。

（6）「グローバル社会」に生きる「日本人」

また、やや余談にはなりますが、「グローバル」という言葉が近年声高に叫ばれています。現在のグローバル社会においては、国という枠組みを超えて、その名のとおり「地球規模」でさまざまな活動が行われています。また、私たち日本人は、他国の人々と人類としての共通点を有することも事実です。

その一方で、私たちは日本という風土や文化のもとで育まれ、他国の人々とは異なる習慣・言葉・考え方を有することもまた否定できないでしょう。このように、グローバル社会といえども、私たちは日本という風土や文化のもとで育った一人の日本人という「限りあるなかで生きている」ことは揺るぎない事実なのです。それは、たとえ国籍を変えたとしてもそうなのです。そのため、グローバル社会に生きる私たちは、真の意味でグローバルということ、そして日本人であるということをつねに問いつづけることが必要だと言えます。そのうえでこそ、他国の人々と適切な関係やルールを取りむすぶことができるのではないでしょうか。以上の内容については、第9章第3節（2）「グローバル人材とは？」とも関連していますので、その内容も読みながら考えをより深めてほしいと思います。

やや本章の内容から逸脱しているところもありますが、いずれにしても、自由とルール（秩序）ということを考えるためには、私たち日本人、さらには人間とは何かといった問いも突きつめる必要があるように思います。日本人、さらには人間とはどのような存在ですかと尋ねられたとき、みなさんならどのように答えますか。たとえば、日本人と他国の人々の考え方や行動の仕方を比較し、共通点と相違点を挙げてみるとよいでしょう。

Q：日本人、さらには人間とはどのような存在ですか。
A：

3 「よりよい」ルール（校則）の創造へ

それでは、こうした「自由とルール（秩序）」との関係をふまえて、もう一度ルール（校則）について考えてみましょう。

（1）「おや？」と思うルール（ブラック校則）が生じる理由

本来のルール（校則）とは、さきほど確認したように、まさに私たち人間の自由を保障するものです。しかし、それではなぜ、「おや？」と思うルールやブラック校則が生じてしまうのでしょうか。

その原因もまた、私たち人間が「限りあるなかで生きる」存在だということにあると言えます。人間は完璧な存在ではないために、過ちを犯すことがあります。それは「立派な大人」でさえそうなのです。みなさんも、これまでの経験のなかでそのことを大なり小なり感じているのではないでしょうか。それゆえに、「おや？」と思うルールやブラック校則が生じることは、どうしても避けえないと言えるでしょう。

(2) ルール(校則)と主体的に向きあおう!

しかし、繰りかえしになりますが、私たち人間には条件つきであっても自由があります。そうであるならば、その「限りあるなかでの自由」を行使して、ルール(校則)と主体的に向きあうことが必要なのではないでしょうか。つまり、目の前にあるルール(校則)がおかしいと感じるならば、それを変更したり、新しいルールを考えたりする必要があります。それこそが、すでに本章第1節(2)「校則はなぜあるのか?」でふれた「生徒指導提要」でも言及されている校則の見なおしということなのです。また、もしそのルール(校則)が正しいと思うならば、それをみずから責任をもって引きうけねばならないのではないでしょうか。

もうすぐ、いやすでに「大人」として生きていかざるをえないみなさんには、多かれ少なかれこうした自覚とそれにもとづく行動が求められています。そのための練習の舞台こそが、道徳科なのです。それをつうじて、これまで述べてきたような事柄について「考え、議論する」ということを、みなさんは学んできた(もしくは現在学んでいる)のではないでしょうか。そこで注目すべきなのが、「よりよい学校生活、集団生活の充実」という道徳科の内容項目です。

教師や学校の人々を敬愛し、学級や学校の一員としての自覚をもち、協力し合ってよりよい校風をつくるとともに、様々な集団の意義や集団の中での自分の役割と責任を自覚して集団生活の充実に努めること。(文部科学省 2017: 54)

このように、みなさんは、校則をはじめとした学校生活にかかわる問題に主体的に取りくむことが推奨されています。そして、生徒が校則を実際に変えた事例もあるのです。ここでは、室蘭東翔高校の取りくみ(本田 2013)

について簡単に紹介したいと思います。

室蘭東翔高校では、ブレザーの下にカーディガンを着用してはならないという校則が元来あったそうです。防寒のために限りブレザーの下に着用するなどの条件のもと、着用が認められた時期もありました。しかし、カーディガンを着用することでブレザーを身にまとわない生徒らが出てきたため、結局着用禁止となってしまいました。

そこで、生徒、保護者、教職員の三者懇談会が開かれました。生徒側は、①カーディガン着用の目的は防寒に限る、②ブレザーを着用しない生徒が増えてきたら現状に戻す、といった条件を提示し、三者懇談会では着用を認める方向で話がまとまりました。しかし、職員会議では、カーディガンの着用が認められませんでした。スカート丈が短かったりネクタイをきちんと結んでいなかったりするなど、服装規定をはじめとする他の校則が現状では守られていないことが、その理由でした。

これをうけて、生徒会執行部は生徒総会で服装を正すよう、全校生徒に求めました。そののち、校舎玄関前で呼びかけを行うようになると、多くの生徒が正しい服装になってきたそうです。ほどなくして、保護者からのアドバイスをふまえ、カーディガン着用の試行期間を実施することになりました。そして、最終的には教職員の同意をへて、正式に着用が認められたのです。

当時生徒会担当を務めた先生が以上の内容を総括して語った言葉は、非常に印象的です。

たかがカーディガン1枚ではあるが、しかしこの一歩は大きい。生徒たちは自分たちの手で社会の枠組みをちょっとだけ変えてみた。それも実に彼らしい方法論で。（本田 2013: 23）

また、近年では参政権が18歳まで引きさげられたことから、高校や大学などでも模擬選挙が行われています。これもまさに、ルール（校則）をはじめとするさまざまな事柄について、みずから主体的に決定するための練習の場と言えるでしょう。

そして、こうした取りくみは、学校を「小さな社会」とみなし、問題解決学習や体験学習など現在日本でひろく導入されつつあるアクティブ・ラーニング（主体的・対話的で深い学び）の先駆者でもある、19世紀から20世紀にかけて活躍したアメリカの教育学者デューイの考え方を反映しています。

学校は、（中略）生活と親密に結びつき、子どもがそこで生活を指導されることによって、子どもが学ぶうえでの住み処となるような機会を提供することになる。学校は、小型の共同社会、胎芽的な社会となる機会を得るのである。（デューイ 1998: 77）

学校という「小さな社会」において、みなさんもぜひルール（校則）と主体的に向きあう練習をしてみましょう。

(3) ルール（校則）と主体的に向きあう手段としての哲学

それでは、どのようにしてルール（校則）と主体的に向きあえばよいのでしょうか。その方法の一つが「哲学」です。さきほども引用しましたが、河野（2011: 13）は、「リベラルな民主主義社会を維持し、発展させる働きを担う主権者を育成すること」が、現代社会における道徳教育のあるべき姿だと主張します。そして、その具体的な方法として、「主権者の道徳教育としての哲学の創設」（河野 2011: 196）が提案されています。

哲学とは、自分の生の基盤を問い、よりよき生を求める態度である。（中略）

哲学とは、自分も依って立ってはいるが、人びとに共有されてもいる生の基盤に関する問いを、社会へと投げ返す行為である。個人に発する問いを公共に向けて投げかける点で、哲学は本質的に政治的な行為である。それゆえ、哲学の方法論は、政治的行為としての討論にこそある。（中略）討論は、多様な人びととの双方向的な対話によって成立する。（河野 2011: 196-197）

つまり、哲学とは「よりよき生を求める態度」であり、その方法として討論を採ります。この哲学をつうじて、「道徳教育にとって不可欠な二つのもの、批判的思考と生活統合を学ぶことができる」（河野 2011: 197）のです。

批判的思考とは、（中略）与えられた知識や情報を鵜呑みにせずに、その真偽や正不正をあらためて検討し直す態度をいう。（河野 2011: 197）

生活統合とは、ある事柄をより広い文脈のなかで捉え直し、意味づける作業である。いまの勉強は自分の将来にとってどういう意味があるのか。この仕事は、自分の人生にとってどういう意味を持っているのか。この政治的出来事は、歴史的にどういう位置づけになるのか。こうした問いは、人生の断片的な出来事を、より広く長い文脈のなかに位置づけ、価値づける作業である。（河野 2011: 199）

哲学をつうじてこの両点を学ぶ取りくみとしては、たとえば「子どものための哲学（Philosophy for Children：略してＰ４Ｃ）」が挙げられます。「子どものための哲学」とは、「教室のなかで子どもと対話を重ねながら哲学を探求する試み」（河野 2011: 225）であり、日本を含む世界各国の教育機関で広まりつつあります。また、現代日本の道徳教育でも「考え、議論する道徳」というスローガンが掲げられているなど、哲学的な思考や態度を身につけることは、ルール（校則）と主体的に向きあう手段の一つとして注目に値すると言えるでしょう。なお、この生活統合や、すでに取りあげた「小さな社会」としての学校という理念については、第4章第1節（3）「キャリア教育の本当の意味」とも関連しています。また、第6章「メディアを読む力、問いかける力」では、批判的（哲学的）

思考を具体化した例の一つとして、メディア・リテラシーについて論じられています。その両内容についてもあわせて参照してみてください。

（4）「よりよい」ルール（校則）を創造するためのルール？

しかし、だからといってルール（校則）を自分勝手に変えてよいということではありません。ここで私が伝えたいことは、何か変更もしくは廃止すべきルール（校則）があるとすれば、「よりよい＝みんながある程度納得できる」ルール（校則）をあらたに考える必要がある、ということです。

ここで、なぜ「よりよい＝みんながある程度納得できる」ルールと表現するのかについても言及しておきましょう。すでにふれたように、私たちは「限りあるなかで生きる」存在であるため、どうしても過ちを犯すことを避けえません。つまり、「最善＝みんなが無条件に納得できる」ルールを生みだすことは、残念ながら不可能でしょう。それでも、いやそれゆえにこそ仮に十分ではないとしても、私たちは「よりよい＝みんながある程度納得できる」ルールを作る必要がある、と私は思います。

それでは、どのようにすれば、「よりよい＝みんながある程度納得できる」ルールを創造することができるのでしょうか。そこでヒントになるのが、近代を代表するドイツの哲学者カントの思想です。彼は、われわれ人間が生きるうえで従うべき道徳法則を徹底的に追求しました。

君の行為の格律が君の意志によって、あたかも普遍的自然法則と（中略）なるかのように行為せよ。（カント 1976: 86）

誤解を恐れずにわかりやすく説明すると、私たちは普段何か（道徳的に）行動するさいに、自分の信念（「格律」）

などに応じて、複数ある（道徳的な）行動の仕方からある一つの行動を選択し、実際に行動に移しています。カントによれば、そのさい大切なのは、自分の行動の信念（「格律」）が、みんながその（道徳的）行動に納得し、実際にそのように行動するような信念（≒「普遍的自然法則」）となるかのように行為するべきだということなのです。

しかし、その場合の「みんな」とは誰のことを指すのでしょうか。それは身近な人たちだけに限定されるのでしょうか、それとも日本人あるいは人類全体にまで広げるべきなのでしょうか。そこには、動物も含まれるのでしょうか。また、「みんながその（道徳的）行動に納得し、実際にそのように行動するような信念」とは、一体どのようなものなのでしょうか。他人に優しくするということでしょうか、それとも他人が嫌がることをしないということでしょうか。さて、あなたならどのように考えますか。

Q：「みんながその（道徳的）行動に納得し、実際にそのように行動するような信念」とは何でしょうか。その場合の「みんな」とは誰でしょうか。

A：

(5) 本書、そして社会を「読みとく」ためのルール？

本章を締めくくるにあたり、みなさんにぜひ身につけてほしいことを挙げたいと思います。それは、すでに「この本を手に取ってくれた皆さんへ」でも語られておりさきほども取りあげた「批判的思考」です。この「批判」という言葉を誤解しないでください。ややもすると、私たちは「批判」を「非難」、すなわち「人のあやまちや欠点をとり上げて責めること」（金田一・池田 1989: 1655）と混同しがちです。しかし、すでに引用したように、「批判

（的思考）」とはつぎのことを指します。

批判的思考とは、（中略）与えられた知識や情報を鵜呑みにせずに、その真偽や正不正をあらためて検討し直す態度をいう。（河野 2011: 197）

ただし、ここで注意してほしいことがあります。それは、「批判的であれ」という私の主張を鵜呑みにするならば、みなさんは自己矛盾に陥っているということです。なぜならば、その場合、「批判的であれ」という私の主張に対して批判的ではないからです。…さあ、いよいよ混乱してきたかもしれません。しかし、真の意味で「批判的である」ということは、そういうことなのです。

いずれにせよ、みなさんには本章で取りあげた内容だけでなく、この本で語られるあらゆること、さらにはこの世の中のあらゆる事柄について「批判的に問いつづける」姿勢を（欲を言えば、こういう問いかけ自体を「批判的に問いつづける」姿勢をも）身につけてほしいのです。また、その「問いつづける」姿勢とともに、なぜそう思うのか、その「根拠」も忘れてはなりません。根拠なき意見には、誰も賛同してくれないからです。そして、この「問いつづける」ということこそ、「生きる」ということなのではないでしょうか。

ようこそ、みなさん、人生という名の思考の迷路へ。

ちなみに、さきほど取りあげた室蘭東翔高校の先生が語った言葉には、続きがあります。

現代の若者を覆っている閉塞感、何をしてもどうせ何も変わらないだろうという感じ。東翔高校の生徒からも、そんな雰囲気を感じることは多い。私は生徒会担当として、「本当に世の中はそうなのか、自分たちで行動して確かめてごらんよ」と、背中を押してみただけなのだ。（本田 2013: 23）

みなさんの目の前に、ブラック校則や「おや？」と思うルールが存在するとき、みなさんは「何をしてもどうせ何も変わらない」と思いますか。本当にそうなのか、まずは「自分たちで行動して確かめて」みませんか。

正しくやれば校則は変わる。正しくやらなければ変わらない。（本田 2013: 30）

校則改正時に生徒会長だった生徒は、後日このように語っていたそうです。それでは、ブラック校則や「おや？」と思うルールを変えるための「正しい（よりよい）」手段およびルールとは、はたしてどのようなものでしょうか。これまで述べてきたことを批判的にふまえつつ、みなさんなりの「正しい（よりよい）」手段およびルールを考えてみてください。そして、本章第1節（1）「ブラック校則」で尋ねたQ＆Aも振りかえり、本章を読む前後で、考え方などが変わったかどうか、その理由も含めて確認してみましょう。

Q：ブラック校則や「おや？」と思うルールを変えるための「正しい（よりよい）」手段およびルールとは、一体どのようなものでしょうか。また、本章を読む前後で、考え方などは変わりましたか（その理由も含む）。

A：

参考文献・資料

カント、イマヌエル（篠田英雄訳）（1976）『道徳形而上学原論』第20刷改訳、岩波書店

金田一春彦・池田弥三郎編（1989）『学研国語大辞典』第2版、学習研究社

ゲーテ、ヨハン・ヴォルフガング・フォン（大山定一訳）（1961）「ゲーテ格言集（箴言と省察）」『ゲーテ全集 第11巻』105～186ページ、人文書院

河野哲也（2011）『道徳を問いなおす――リベラリズムと教育のゆくえ』筑摩書房

デューイ、ジョン（市村尚久訳）（1998）『学校と社会・子どもとカリキュラム』講談社

デュルケム、エミール（麻生誠・山村健訳）（2010）『道徳教育論』講談社

内閣府・文部科学省・厚生労働省（2015）「子ども・子育て支援新制度ハンドブック（施設・事業者向け）平成27年7月改訂版」内閣府ホームページ〈https://www8.cao.go.jp/shoushi/shinseido/faq/pdf/jigyousya/handbook.pdf〉（２０１９年11月30日参照）

「ブラック校則をなくそう！」プロジェクト（2017）「ブラック校則とは」「ブラック校則をなくそう！」プロジェクトホームページ〈http://www.black-kousoku.org/ブラック校則とは/〉（２０１９年11月30日参照）

細井敏彦（1993）『校門の時計だけが知っている 私の「校門圧死事件」』草思社

本多由紀子（2013）「生徒が校則を変えた！ 室蘭東翔高校生徒会の取り組み」『高校生活指導』第196号、22～30ページ

文部科学省（2010）「生徒指導提要」文部科学省ホームページ〈https://www.mext.go.jp/a_menu/shotou/seitoshidou/__icsFiles/afieldfile/2018/04/27/1404008_03.pdf〉（２０１９年11月30日参照）

文部科学省（2017）「中学校学習指導要領（平成29年告示）解説 特別の教科 道徳編」文部科学省ホームページ〈https://www.mext.go.jp/component/a_menu/education/micro_detail/__icsFiles/afieldfile/2019/03/18/1387018_011.pdf〉（２０１９年11月30日参照）

和辻哲郎（2007）『人間の学としての倫理学』岩波書店

第2章　いじめって？

田中俊亮

1　はじめに

①いじめるな　勇気を出して　助けよう
②いじめるな　自分がされたら　どう思う

初めから個人的な昔話で恐縮ですが、①と②のうち、一つは私が考えたもの、もう一つは私の友人が考えたもので、小学生時代の校内の標語案です。結局、校内には①が掲げられました。

Q：①と②の標語のうち、どちらに強く共感しますか。また、その理由は何ですか。
A：

近年の痛ましい中学生などのいじめによる自殺の報道を目にするたびに、「いじめるな」だけでは何をどうすることもできないと、強く思います。２０１２年11月、滋賀県大津市でいじめを原因として、中学生が自殺するという凄惨な事件がおきました。事件がおきた中学校は、私自身の母校（中学校）と距離が近いということもあり、個人的にも大変なショックでした。被害者の両親が、加害者の元同級生を提訴し、２０１９年2月19日、大津地方裁判所は損害賠償の支払いを命じましたが、加害者側は控訴しました（石川 2019）。

残念なことですが、２０１９年7月には岐阜県岐阜市で、9月には埼玉県川口市で、いじめを苦にした自殺者が出ました。岐阜市の当時中学3年生の男子生徒の場合は、同級生の女子生徒から「私も一緒に戦います。先生、力を貸してください」というメモがあり、教師も「完璧にいじめです。指導します」と返信して指導していましたが、指導後にこのメモが破棄されていたことが話題となりました（高木 2019）。一方、川口市の県立学校1年生の男子生徒の自宅にあったノートには、「教育委員会は大ウソつき。いじめた人を守ってウソばかりつかせる。いじめられたぼくがなぜこんなにもくるしまなきゃいけない」などと書き残されていました（堤 2019）。

メディアで追及されているように、教師や学校、教育委員会、そして何より加害者は、責任を免れることはできないでしょう。ただし、その責任追及は幾度となく繰り返されてきたことであり、いじめによる自殺者が後を絶たない点を考えると、責任追及のあり方に満足するわけにはいきません。私は、いじめに関しては門外漢なので、本稿は専門的な批判に耐えうるものではないかもしれません。しかし、門外漢なりに私見を述べるのは、以下の三つの理由によります。第一に、私が小学生や中学生のときに、いじめに関わっていたからです。ただし、それは被害者としてだけではありません。第二に、母校での教育実習や前職（塾教師）での経験では、大人の目からは、子どもに「いじめてやるぞ」という意志がほとんど見えなかったからです。そうした意志がないとすれば、なぜいじめがおきてしまうのか、疑問に思い続けていました。そして第三に、私の狭義の専門は前期水戸学（江戸時代の思想の一つ）なのですが、その関係で思想や哲学について多少は勉強したので、その観点からいじめを考え直すことができないかと思ったからです。こうした理由により、本稿では、いじめの議論の交通整理を試みたいと思います。私の考えを述べている箇所もありますが、それはあくまでも私個人の考えであり、決して正解ではありません。皆さんが皆さんの考えを（私の考えに批判的でも）お持ちになれば、それでいいと思います。

2　いじめの定義と分類

いじめを考えるにあたり、何の軸もないまま考察を進めても、論点が拡散してしまうでしょう。第2節では、文部科学省や先行研究の見解を参照しながら、その定義と分類を確認しておきたいと思います。

(1) いじめの定義

まず、いじめの定義を確認します。先述の大津市での事件をきっかけとして、いじめ防止対策推進法が２０１３年6月に成立し、9月に施行されました。この法律の第二条第一項で、いじめは次のように定義されています。

この法律において「いじめ」とは、児童等に対して、当該児童等が在籍する学校に在籍している等当該児童等と一定の人的関係にある他の児童等が行う心理的又は物理的な影響を与える行為（インターネットを通じて行われるものを含む。）であって、当該行為の対象となった児童等が心身の苦痛を感じているものをいう。

この定義に従えば、「これがいじめだ」と決定するのは、いじめを受けている被害者です。したがって、加害者がいくら「遊びのつもりだった」と言っても、被害者がいじめだと判断すれば、遊びにはなりません。この点に関わって、読者の皆さんにもお考えいただきたいと思います。

Q：あなたは、どのようなことをされたらいじめだと感じますか。
A：

いろいろお答えがあるでしょう。殴られる、汚いもの扱いされる、身長の低さを馬鹿にされる、丸刈りの髪形を「ハゲ」と言われる、紐を首にかけられて犬扱いされる、近年ではＬＩＮＥ外しなど、枚挙に暇がありません。

(2) いじめの類型

次に、いじめを整理するために、いじめを類型化したいと思います。社会学者の内藤朝雄は、いじめを次の三つに分類しています（内藤 2009: 90）。①破壊神と崩れ落ちる生贄、②主人と奴婢、③遊びたわむれる神とその玩具の三つです。やや抽象的なので、内藤自身が挙げている例を用いながら、具体的に検討したいと思います。①は、殴る、蹴るといった、暴力によるものです。②は、被害者をこきつかったり使い走りにしたりすることで、被害者が精神的にも体力的にも消耗するのを、加害者が楽しむタイプです。買い物に行かせて、マンションの高層階までエレベーターを使わずに階段を上らせるという例が挙げられます。③は、通常では考えられない悪ふざけによるものです。ゴキブリの死骸入りの牛乳を飲ませる、紐で首を括って犬扱いするなどの行為があります。①は暴力系、②③はコミュニケーション操作系とも言い換えられています。次の表２・１は文部科学省の調査結果ですが、いじめの多くは暴力系ではなく、コミュニケーション操作系によるものだとわかります。

表2・1　いじめの態様（小中高・特別支援学校国公私立計、2018年度）

冷やかしやからかい、悪口や脅し文句、嫌なことを言われる。	50.2%
軽くぶつかられたり、遊ぶふりをしてたたかれたり、蹴られたりする。	17.1%
仲間はずれ、集団による無視をされる。	10.9%
嫌なことや恥ずかしいこと、危険なことをされたり、させられたりする。	6.2%
ひどくぶつかられたり、たたかれたり、蹴られたりする。	4.4%
金品を隠されたり、盗まれたり、壊されたり、捨てられたりする。	4.4%
パソコンや携帯電話等で、ひぼう・中傷や嫌なことをされる。	2.4%
金品をたかられる。	0.8%
その他	3.4%

（注）構成比は、複数回答可の項目の合計件数に対する割合。

（文部科学省初等中等教育局児童生徒課（2019: 42）より作成）

3　いじめの原因は？

いじめの定義が被害者の意識を基軸としているので、第2節「いじめの定義と分類」では、いじめを受けた被害者側として、いじめについての質問にお答えいただきました。第3節では、あえていじめを行う加害者側に立った質問を、最初に考えていただきたいと思います。

Q：あなたは、相手がどのようなことをしていたらいじめたいと感じますか。

A：

この問いと皆さんのお答えを出発点として、いじめの原因を考えていきます。第3節と第4節「いじめをどう解決する？」では、架空の対話を挟みながら、議論を進めます。Aさん、Bさん、先生が登場しますが、どの意見も絶対的なものではありません。皆さんのお考えも、Aさんに近い部分もあれば、Bさんに近い部分もあれば、先生に近い部分もあると思います。また、以下の対話に登場する先生には、いじめのポイントを見落とした発言が一部ありますが、いじめ問題が報道される際に当事者として現れる一部の先生を想定して描いただけであり、多くの先生はそうではありません（そうではないことを願います）。

（1）いじめられる人が悪い？

Aさん：いじめの原因って、絶対にいじめる人にあるやん。いじめる人に責任があるんやから、その人が悪いに決まってるやろ。

Bさん：Aさんはいつも「誰かが悪い！」って言うやん。それって、誰かを悪者にするだけで、自分は正しい人になりたいだけじゃないん？　そりゃ確かに、否定しただけで自分が正義面できるのは楽やけど、いじめられた人に落ち度ってホンマにないんかな。

Aさん：そんなんあるわけないやろ。いじめの原因が背がちっちゃいからとか、顔が好みじゃないからとかやったら、生まれ持ったものが落ち度やって、Bさんは言うん？

Bさん：生まれつきのものだけがいじめの原因とは思わへんけど、やっぱりあるんじゃない？　だって、皆と違ったら何か変やん。おかしいやん。だって、チビやったら変やろ？

Aさん：皆と違うことの何があかんの？　見た目が違うからいじめるとか、ありえへん。身長低いことって、生まれつきの側面もあるやろうし、そもそも悪いことと違うやん。

Bさん：でもさ、いじめられる原因って、生まれ持ったものだけと違うやろ？　たとえば丸刈りのことを「ハゲ」って言われていじめられた人がいても、丸刈りは生まれつきちゃうやん。やから、いじめられるのが嫌やったら、丸刈りにするのをやめたらいいだけの話やろ？

Aさん：いじめられへんために自分の髪形を変えなあかんのやったら、それはやっぱりいじめちゃうん？　丸刈りにしてる人に、髪型の自由がないやん。いちいちそんなこと気にせんとあかんこと自体が、いじめやんか。

恐らく、本稿をお読みの方の多くは、第2節（1）「いじめの定義」で見たいじめの定義を参照しなくても、上記の会話をお読みになると、直感的にはAさんの意見に賛同されると思います。ただ、いわばそれは、学校の道徳の授業での正解のようなもので、実生活や実体験を思い出していただくと、Bさんの意見を一時的にでもお持ちになったことがある方も少なくないのではないでしょうか。もちろん、Bさんの意見に耳を傾けるのは、耳の痛いことで苦痛ですらあります。しかし私は、そこから耳を塞ぐ（否定する）のではなく、ひとまず聞いた上で吟味する（批判する）ことが必要であると考えます。

Bさんの立場からすると、いじめの原因として考えられるものに、被害者の身体的特徴があります。その特徴が先天的なものにしても後天的なものにしても、それを「変だ」と思うことは、いじめが始まるきっかけの一つです。でも、その特徴は本当に「変」なのですか。他の人にもあるものが多いのではないですか。第3節の冒頭でお書きいただいた質問のお答えを使って、「○○な人はいじめる」と、声に出して読んでみて下さい。本当に○○ならいじめますか。あるいは、いじめても良いのですか。もしかしたら、いじめの原因だと思った事柄は、最初は考えていないのに後になってから思い付いた言い訳のようなものかもしれません。なお、ここでは身体的特徴を例としましたが、性格的特徴でも事情は同じです。「生意気な人はいじめる」あるいは「調子に乗っている人はいじめる」が成り立つかどうかをお考え下さい。被害者の身体や性格、つまり被害者にいじめの原因はありません。本稿では自分の考えを強く主張することは極力避けたいのですが、自分の体験から、ここは譲りたくない一線です。

さて、Bさんの意見に耳を傾けて見えてくるのは、「変だ」と思う意識自体は否定できないとしても、その「変だ」の内容をもつ人全員には、その意識を適用できないのではないかということです。身長が低い人（チビ）を全員いじめることは、恐らくないでしょう。だから、上記の理由で被害者にいじめの原因がない（特徴にいじめの原因はない）ことが理解できても、いじめの抑止につながるとは限りません。

（2）見て見ぬふり

先生：ここまでの話で、いじめの原因は大きく二つに整理できます。一つ目は、加害者が悪いから。Aさんの考えですね。二つ目は、被害者がいじめられる要素を持っているから。これはBさんが述べていました。

Bさん：待って、もう一つ原因あるんと違う？「周りの人が、いじめを見ているだけだったから」っていう原因。

Aさん：それは違うやろ。見ているだけの人がいても、いじめる人がおらんかったら、見ているだけの人もおらんやん。やっぱりいじめる人が一番悪いんやって。

Bさん：じゃあ聞くけど、Aさんは見てただけの人には責任ないと思ってんの？ 見て助けへんかった人には何の責任もないいん？

Aさん：そりゃそうやけど…。

先生：先生は、Aさんの言うことに一理あると思いますよ。やはり、いじめは加害者に一番の責任があります。

Bさん：一番の責任は加害者やろうけど、見てただけの人に責任がないとは、どうしても思えへん。ってか、そういう人が一番人数は多いやん。先生は、学生時代に見て見ぬふりとかしたことないいん？ いじめられている人は全て助けたん？

先生：…（汗）

Aさんは、先ほどと同じく、加害者に責任があるという立場で、先生も賛同しています。それに対して、ここでBさんが問題にしているのは、「傍観者」の存在です。社会学者の森田洋司は、いじめに関わる子どもを、四層に分けて考えました（図2・1）。加害者、被害者、いじめを面白がって見ている観衆、そして見て見ぬふりをしている傍観者です。加害者の取り巻きである観衆とは異なり、傍観者はいじめを抑止する「仲裁者」になり得ます。仲

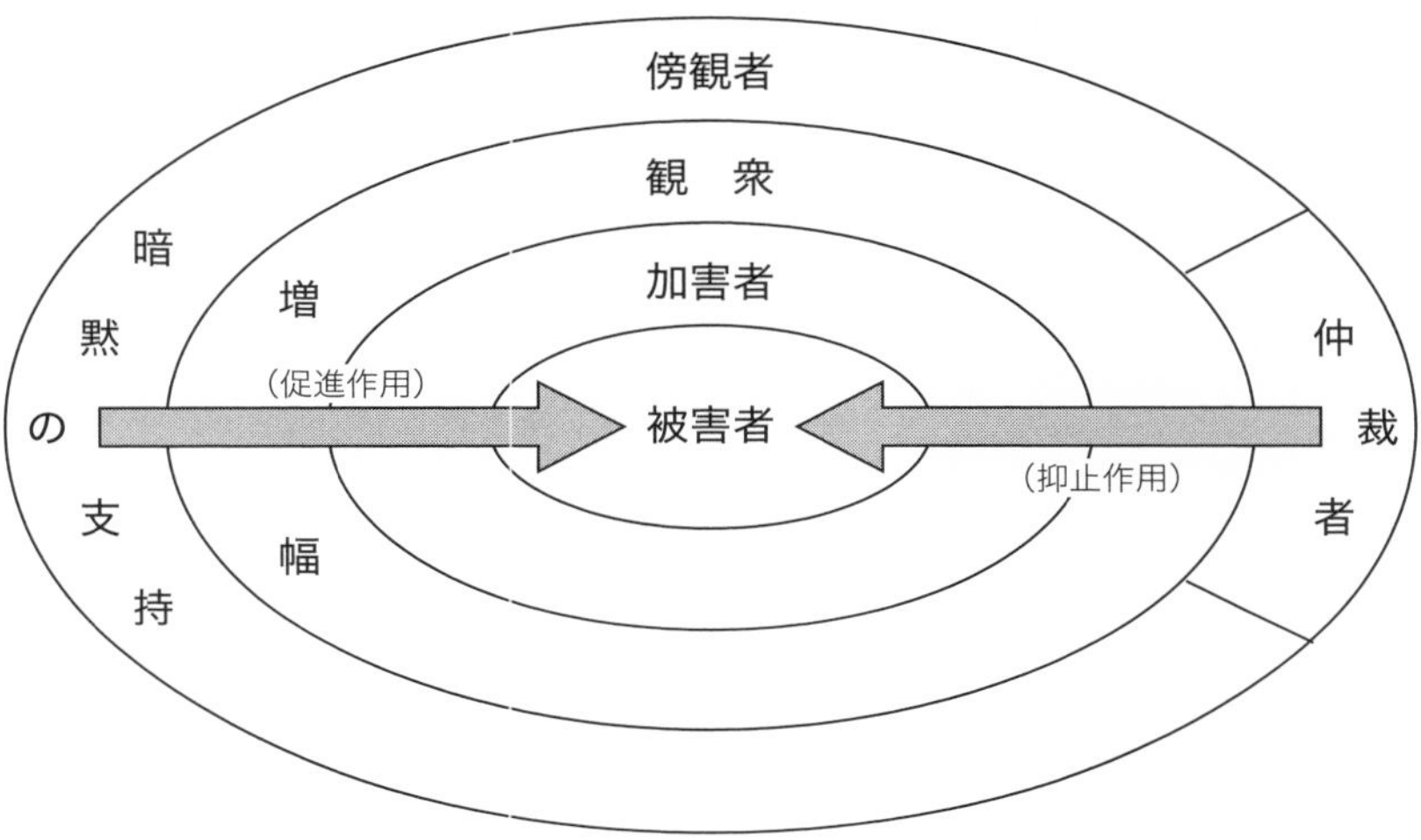

図2・1　いじめ集団の四層構造モデル（森田2010: 132）

裁者については後述するとして、見て見ぬふりをする傍観者の段階では、いじめを抑止するどころか、いじめを（消極的にであっても）促進する役割しか担えません。その意味では、Bさんの指摘は的を射ています。

本稿をお読みの方が大人であれば、これもまた耳が痛いのではないのでしょうか。森田の四層構造モデルの中では、Bさんの言う通り、傍観者の人数が最も多くなるでしょう。したがって、過去には子どもだった大人も、傍観者の人数が多いはずです。先生と同じように、沈黙せざるを得ない方もいらっしゃるかもしれません。

（3）「いじり」と仲間づくり

Bさん：「いじめ」ってよく言うけど、「自分はいじめてる！」っていう意志を持ってる人なんか、あんまりいいひんのちゃう？　多分、「いじめてる」っていうより、「いじってる」やな。いじられっ子って、いじられへんかったら誰にも相手にされずに無視されてることもあるんやで？　むしろ、相手にされて、仲間に入れられてるだけ良いと思うんやけど。

Aさん：いじられてるか、いじめられてるか、それを決めるのはBさんと違うやん。もちろん私でもない。それを決めるのは、やられてる本人やろ？

Bさん：そんな、ちょっとしたことで、いちいちいじめって言われても…。ほとんどが冗談とか遊びのつもりでやってることやし。

Aさん：「冗談のつもり、遊びのつもりやったのに」っていういじめは、今までに何回も見てきたやろ？

「ちょっとしたこと」が、「いじめ」なのか、それとも「いじり（いじめチック）」なのか。その境界線は、とても曖昧です。本稿の冒頭で言及した大津市でのいじめ自殺の加害者も、「遊びだった」という理由から控訴しています。この点について、二つの見解を見てみましょう。

一つ目は、第2節（2）「いじめの類型」でも少しふれた、内藤によるものです（内藤 2009）。内藤は、従来のいじめの原因論の矛盾を指摘し、その前提にあるのは、秩序を単数とみなすことにあると言います。これに対して内藤は、二つの秩序をいじめの場に導入します。「いま・ここ」のノリを「みんな」で共に生きる在り方が規範の基準点となる「群生秩序」と、普遍的なヒューマニズム（人権、人間の尊厳など）を基調とする「市民社会の秩序」です。これら二つの秩序について理解するために、それぞれの秩序の違反事項を考えてみましょう。「市民社会の秩序」では、自由や平等といった人権の侵害が、秩序の違反事項にあたります。それに対して「群生秩序」では、ノリが悪かったり空気を読まなかったりすることが、秩序の違反事項です。いじめは「群生秩序」内で成立します。不全感をもついじめ加害者は、生き生きとした全能感を求めます。「不全感」は、特に具体的な理由がなく、存在していること自体が落ち着かないことによる、漠然とした「むかつき」を指します。「全能感」は、仲間とともに何かに（誰かに）暴力などを行使することで不全感が解消され、スカッとする感覚のことです。いじめにおける全能感は、被害者への暴力の行使、あるいは被害者の余裕の剝奪、あるいは被害者の悲痛や破壊のコントロールによって獲得されます。ここでは、被害者は加害者にとっての「玩具」です。いじめは被害者を「玩具」として形成したり破壊したりすることで、集団的にスカッとした全能感を得られる〈祝祭〉です。そして、〈祝祭〉（いじめ）に参加する加害者は、そのノリや空気を、クラスや学校に拡大することで、〈属領〉を形成します。教師などにいじめを通報する、いわゆる「チクリ」などによって人権を尊重する人は、「群生秩序」が支配する〈祝祭〉や〈属領〉の内部では、ノリや空気を乱す極悪人でしかありません。

二つ目は、スクールカーストの構造を明らかにした、鈴木翔によるものです（鈴木 2012）。鈴木は、これを「いじめかいじりか」の認識の問題としてではなく、「ちょっとしたこと」自体の行為の問題として捉え直します。その結果見えてくるのが「スクールカースト」です。これは、個々の子どもが属するグループ間の「地位の差」で、特に中学生以降は、日常的な教室の風景として語られます。スクールカーストの上位グループには、「にぎやか」「気が強い」など、積極的な特徴が見出され、「結束力」やクラスへの「影響力」があります。それに対して、下位グループには特徴がなく、強いて言えば「地味」「目立たない」など、消極的な特徴が見られ、上位グループには「恐怖心」を抱いています。下位グループは、いじめではないが理不尽な被害を、上位グループから受けることになります。この上下関係は、子どもにとって固定的であり、変えることのできない「権力」だと感じられています。それに対して、教師は「能力」として捉えます。つまり、上位グループの「にぎやか」「気が強い」などの特徴は、努力ややる気により身に付けられる「積極性」「生きる力」「コミュニケーション能力」などであると教師には見えています。これらの力（能力）は、下位のグループにはありませんが、社会に出たときに必要であることから、教師はスクールカーストには肯定的です。

内藤と鈴木の共通点は、学級という閉じた空間での人間関係そのものによって、いじり（いじめ）行為を生み出す秩序が構成されていることを明らかにしたという点にあります。それは、たとえ「いじめはいけない」という道徳心を子どもが持っていたとしても、それとは別の秩序が機能して、いじめが発生してしまうことを意味します。

4　いじめをどう解決する？

第3節「いじめの原因は？」では、いじめの原因をめぐって、いくつかの先行研究の交通整理を試みました。第4節ではそれを受けて、いじめをどのように解決するのかを考えたいと思います。まずは、皆さんのお考えをお書きになってみて下さい。

Q：あなたは、いじめをどのように解決できると思いますか。
A：

第4節でも、先行研究の成果を参考にしつつ、第3節と同様に対話も取り入れながら、いじめの解決法を探ります。

（1）クラスをバラバラにしよう！

Aさん：クラスが閉じた空間になっていじめがおきるんやったら、クラス替えを一年ごとじゃなくて、一学期ごととか、一か月ごとでしたら、固定的な仲間ができひんやん。そしたら、いじめっこグループみたいなんもできひんから、いいんと違う？

Bさん：そんなん、先生らがめっちゃ大変やん。現実的に難しいやろ。

Aさん：現実的に難しくても、何とかするのが先生の責任と違う？
先生：（既に仕事もストレスもいっぱいやけど）頑張ります…。
Bさん：そうやって、全部を先生に押しつけることこそ、無責任ちゃうの？
Aさん：じゃあ、Bさんはどういう考えなん？
Bさん：閉じた空間があかんのやったら、その空間に行かんかったらいいやん。学校に行かんかったらいいねん。
Aさん：学校の勉強についていけへんようになったら、受験のときに困るやんか。
Bさん：塾に行ってたら大丈夫ちゃう？
Aさん：塾に行ってなかったら？
Bさん：…。

上記の対話は、内藤が提示している、コミュニケーション操作系のいじめに対する短期的な解決策を参考にしたものです（内藤 2009: 204）。内藤自身は、より踏み込んで、「学級制度の廃止」を掲げています。「いま・ここ」のノリによる「群生秩序」は、閉じられた空間である〈属領〉、具体的には学級に広がります。この空間に風穴を開ければ、すなわち「市民社会の秩序」を導入すれば、コミュニケーション操作系のいじめは成立しません。大学では、教師も教室も学生も、授業ごとに異なりますが、その教室で「シカト」しても、「シカト」として成立しないことを、内藤は例示しています。つまり、「シカト」した人に対して、「何だあの人は、付き合わないでおこう」と「シカト」された人が思ってしまえば、そもそも「シカト」は成立しないのです。

内藤の言うことには一理ありますが、教師への負担等を考慮すると現実的ではないという点において、鈴木の批判は正鵠を射ています（鈴木 2012: 58）。鈴木は、子どもの立場からは、期間限定のスクールカーストで自分の感情をコントロールすること、塾などの学校以外の評価をする場所に行くこと、積極的にどこにも行かないことの三点の対処法を挙げています。教師には、スクールカースト内の「能力」以外の側面の可能性を考えること、保護者には、「学校に行かない」という選択肢を考えることを勧めています。しかし、「NPO法人ストップいじめ！ナビ」代表理事の荻上チキが述べるように、「学校に行かないなら、他の選択肢を自己責任・家庭責任で選べ」（荻上 2018: 33）というのが現実の社会であるとすれば、受けられる教育の内容は家庭の経済力に依存することになるという問題点が残ります。閉じた空間（学級）に風穴を開けるために、学級を破壊するか、それとも拒否するか。いずれにしても、いじめがエスカレートしないに越したことはありませんが、現実的にはやや難しい選択かもしれません。

(2) アンケートをしよう！

Aさん：いじめってあかんことなんやから、見かけたら仲裁して止めなあかん！

Bさん：止めに入ったら、自分がいじめられるかもしれへんのに、仲裁なんかできる？

Aさん：うーん…、確かに。止められる人は止めたらいいと思うけど、なかなか難しいかもしれへんな。でも、アンケートのときにいじめの状況を通報することはできるやん！

Bさん：でも、先生ってホンマに力になってくれるん？　報告した結果、かえっていじめが悪化するかもしれへんっていうこともあるけど、そもそもちゃんと相談に乗ってくれるんかな。受け流されることもあるんちゃう？

先生：Bさん、安心して下さい。先生は絶対に受け流しません。

Bさん：何でそんなこと言いきれるん？　私がいじめられてる時に、先生気づいてなかったやろ？　そんな先生に、ちゃんと聞いてもらえると思えへんねんけど。

先生：…!?

これは、第3節（2）「見て見ぬふり」に対応した、森田の四層構造モデルの傍観者から仲裁者、あるいは通報

表２・２　いじめの発見のきっかけ（小中高・特別支援学校国公私立計、2018年度）

アンケート調査など学校の取組により発見	52.8%
本人からの訴え	18.3%
学級担任が発見	10.6%
当該児童生徒（本人）の保護者からの訴え	10.4%
児童生徒（本人を除く）から情報	3.5%
学級担任以外の教職員が発見（養護教諭、スクールカウンセラー等の相談員を除く）	2.3%
保護者（本人の保護者を除く）からの情報	1.3%
養護教諭が発見	0.4%
スクールカウンセラー等の相談員が発見	0.2%
学校以外の関係機関（相談機関等含む）からの情報	0.1%
地域の住民からの情報	0.1%
その他（匿名による投書など）	0.1%

（文部科学省初等中等教育局児童生徒課（2019: 41）より作成）

者を形成しようという解決法です。教育評論家の尾木直樹は、傍観者から仲裁者への転換の必要性を説きます（尾木 2013: 185）。尾木は仲裁者を、いじめ問題の克服に必要な「第三者」の一側面として位置づけています。トラブルを見つけた子どもが、両者の間で言い分を聞いたり、アドバイスをしたり、クラス全員での議論を促したりすることが、仲裁者の役割として想定されます。このような子どものあり方は、日本ではわずかにしか見られず、ヨーロッパでのシティズンシップ教育や子どもの権利条約を参照した、子どもの人権意識を育成することを必要とします。

これに対して荻上は、森田の四層構造モデルに言及しつつも、尾木とは異なる見解を示します。荻上によれば、「傍観者ではなく仲裁者になりましょう」というメッセージは、森田のモデルからは導き出されません（荻上 2018: 119）。傍観者を通報者にすること、いじめを教師などの大人に通報して適切な介入を早期に促す役割へと転換することが大切です。確かに、いじめ発見のきっかけは、アンケートが多数を占めます（表２・２）。被害者自身の相談なのか、通報者からの報告なのか、その点はわかりませんが、通報者からの報告も含まれるとすれば、一定の効果は認められます。

森田は、いじめが悪いことだという意識はいじめの抑止力にならないと指摘しています（森田 2010: 124）。そうだとすると、尾木が言うような人権教育を行うことは、いじめ解決の必要条件かもしれませんが、十分条件にはなりません。つまり、人権教育を行って「いじめは悪い」と考えられるようになっても、それだけでいじめが抑止されるとは限らないのです。しかし、これは森田自身のいじめ対策の構想にも向けられる疑問です。森田は、「柔らかな行為責任」を、子ども、教師、保護者などの学校社会全体で醸成すべきであると提案しています。この提唱は、人々の関心が私生活に集中する「私事化」が進行する現代社会において、全体化へのバランスをとるための「ソーシャル・ボンド」（共同性へのつながりの意識）を前提条件とし、シティズンシップ教育を行うことを含んでおり、その点では尾木と近い見解です。「柔らかな行為責任」が醸成できたとしても、同様に、いじめの抑止力の必要条件にはならないのではないでしょうか。また荻上の議論は、教師が全面的に信用できるときには有効ですが、現実はそうとも限りません。第3節（3）『「いじり」と仲間づくり』で見たように、スクールカーストが子どもには「権力」と見えていても、教師には「能力」に見えており、通報を受け流される可能性も否定できないのです。荻上が重視するような、教室ストレスが発散された「ご機嫌な教室」が形成されたとしても、事情は変わりません。このように、人権や責任への意志喚起は、いじめの抑止力として期待できません。

（3）自分のいじめを先生に報告しよう！

先生：先生は、もしこの教室にいじめがあったら、絶対に解決したいと思います。でも、先生には、皆さんの中にいじめにあっている人がいるかどうか、わかりません。Bさんのことにも、申し訳ないことに、気づけていませんでした。そうかといって、「いじめられている人は手を挙げて！」と挙手をすることも、解決にはつながらないでしょう。いじめにあっている人は、先生に相談、報告して下さい。アンケートのときでもかまいません。必ず力になります。

Aさん：やっぱり、自分らやったら、なかなか解決できひんから、先生に相談するのが一番なんかな。

Bさん：いじめられてる人がそんな簡単に相談するとは思えへんねんけど。相談してるところが、もし加害者に

表2・3　いじめられた児童生徒の相談の状況（小中高・特別支援学校国公私立計、2018年度）

学級担任に相談	62.0%
保護者や家族等に相談	17.7%
学級担任以外の教職員に相談（養護教諭、スクールカウンセラー等の相談員を除く）	6.0%
友人に相談	5.3%
誰にも相談していない	4.3%
養護教諭に相談	2.3%
スクールカウンセラー等の相談員に相談	1.6%
学校以外の相談機関に相談（電話相談やメール等も含む）	0.4%
その他の人（地域の人など）に相談	0.3%

（注）構成比は、複数回答可の項目の合計件数に対する割合。

（文部科学省初等中等教育局児童生徒課（2019: 41）より作成）

見られたらどうしよう、とか考えてしまうんちゃう？

Aさん：先生がちゃんと相談に乗って解決してくれるんやったら、見られたとしても大丈夫ちゃう？

Bさん：先生が相談に乗ってくれるんやったらな…。

先生にいじめを相談すると逆効果であるというご意見もあるかもしれません。しかし、被害者の相談相手として最も多いのは、家族よりも担任の先生なのです（表2・3）。

とはいえ、被害者の心情によっては、担任の先生であっても、相談しづらいことも多いでしょう。誰にも相談していない被害者もいるのです。表2・2でも見たように、アンケートによって多くのいじめが発見されています。被害者もアンケートを通じて担任の先生に、あるいは別の大人に相談するなら、被害者の心情も大切になってくるでしょう。

5　いじめの「加害／被害」を考える

第4節「いじめをどう解決する？」で一瞥した解決策の吟味（批判）によって、新たな解決策が見出せるかもしれません。あるいはまったく別の解決策も考えられるでしょう。第4節（1）「クラスをバラバラにしよう！」と第4節

（2）「アンケートをしよう！」に共通するのは、「加害／被害」に留まらず、学級全体を見通した視野です。それは、全体を把握するには適した視野ですが、「加害／被害」そのものの考察は、看過されているように思います。もちろん、ここまで見てきた先行研究に言及が全くないわけではありません。たとえば、内藤の加害者の全能感（心理的な攻撃本能？）と〈玩具〉としての被害者や、鈴木のスクールカースト上位者・下位者への分析はそうでしょう。また、森田はいじめの定義で被害者を起点としています。それでも、「加害／被害」の関係そのものは、まだまだ考察の余地があると、私は考えます。

私はここまでで、一つの問題を示唆しておきながら、放置してきました。それは、加害者による被害者への「変だ」という意識です。いじめが被害者によって定義されることは既に見ました。しかし、この見解からは、加害者の「変だ」という意識の考察が不問に付されます。「変だ」という意識、あるいは無意識は、「いじめる」という意志へと直結したものとして理解されることが多いのではないでしょうか。

（1）いじめに「意志」を想定できるか

現実におきた事件では、加害者への責任の追及は、いじめの意志の有無が一つの焦点となっています。「意志があるから責任がある」ということです。裏を返して加害者からすれば、「意志がないから責任はない」と反論する根拠にもなります。冒頭の大津市の事件での控訴理由は、ここが論点となっています。以下、「意志」や「責任」についての批判的な言及も取り上げますが、それはいじめ加害者に責任がないと言っているのではなく、ましてや加害者を擁護するものでもないことは明言しておきます。

哲学者の國分功一郎は、意志や責任という「概念」を、次のように批判します。

意志を有していたから責任を負わされるのではない。責任を負わせてよいと判断された瞬間に、意志の概念が

突如出現する。（國分 2017: 26）

たとえば、アルコール依存や薬物依存の行為者には、「意志が弱い」「自己責任だ」という非難が多くなされます。何かしらの耐え難い理由があったであろうことは、理由として十分想定されるはずなのに、その非難においては考慮されません。その行為が能動的か受動的か、判別が困難なのに、意志や責任を問われるのです。國分は、殺人や性犯罪なども例示しています。他人を直接害する行為には、意志に訴えかける一定の社会的必要性があることを認めていますが、後述するように、カツアゲ（恐喝）を例に、やはり「能動／受動」では判別できない「権力」による行為として分析しています。

ここでは、「意志」について、國分の主張をもう少し見ておきたいと思います。たとえば、「りんごを食べる」という行為は、純粋に自発的な意志によるものでしょうか。國分は、20世紀のユダヤ人で政治学者のハンナ・アーレントを参照しつつ、その行為は意志ではなく選択によるものだと言います。その選択の理由は、いくらでも考えられます。それまでの経験から、りんごをおいしいと感じたからかもしれません。意志は、本来食べてはいけなかったりんごを食べてしまった責任を問うために、事後的に発生します。その際、おいしいと感じた過去の経験は問題ではなく、「お前が食べようと思ったのだな」というように、行為者の意志が出発点とされます。「過去から地続きであって常に不純である他ない選択が、過去から切断された始まりと見なされる純粋な意志に取り違えられてしまう」（國分 2017: 133）のです。國分は、このように「意志」は批判的に検討しますが、「責任」は「意志」ほど批判的に扱われません。それは、「意志」と切断して「責任」を問う可能性を暗示します。

いじめに話を戻しましょう。國分の議論を参照すると、「いじめる」という加害行為は、「意志」の結果ではなく、「選択」の事実であることが見えてきます。「変だ」という（無）意識は、選択に影響を与える無数の要素の一つにすぎません。ただ、加害者に責任がないのかと言えば、そうとも言えません。「いじめようと思った」という「意志」ではなく、「いじめた」という「選択（事実）」をもって「責任」を問うことは可能なのではないでしょうか。

ここから、少なくとも二つのことがポイントとして指摘できます。一つは、「意志」の有無を「責任」の追及の要件から除外することです。加害者による「意志はないから責任はない」という主張は通らないことになります。もう一つは、「選択」の理由を可能な限り考慮することです。薬物依存やアルコール依存の例でも見たように、（加害者本人としては）耐え難い理由があり、いじめをしたのかもしれません（いじめの正当化にはなりませんが）。ただし、耐え難い理由があることもあれば、特に理由がないこともあるでしょう。特に理由もなく、「いじめる」という「選択」をしたというのは、十分現実的です。

理由もなくいじめる、理由もなく危害を加える、理由もなく殺害する。理由がない加害行為はどういうことを意味するのか。大津市のいじめの事件がきっかけで道徳が科目化されましたが、上記のような疑問を子どもと先生（大人）で（上意下達の道徳ではなく）一緒に考えるのも有意義かもしれません。本稿の会話（先生、Aさん、Bさん）では、「一緒に考える」の一例を示したつもりです。架空の存在であるBさんは、恐らく道徳の授業としては不正解しか出していませんが、その指摘は決して架空ではないと思います。私はそれを、母校（中学校）の教育実習で経験しました。もっとも、芯の弱い私が教師になっていたら、日々の業務に追われ余裕がなく、道徳ではそれっぽい「正解」に子どもを誘導して、自己満足していたかもしれません。

(2) いじめを「権力」として考える

第5節（1）「いじめに『意志』を想定できるか」では、主に加害者に発見される「意志」という概念の再考を試みました。第5節（2）では、主に被害者の位置付けの再考を行いたいと思います。その際に補助線となるのが、「権力」です。

少し回り道をします。内藤による暴力系とコミュニケーション操作系という二分類を、哲学者の萱野稔人が用いている、暴力と権力の区別によって読み替えてみましょう。ただし、鈴木がスクールカーストで用いたものとは、意味が異なる「権力」概念です。20世紀フランスの哲学者であるミシェル・フーコーの権力論に依拠しつつ、萱野は次のように暴力と権力を区分します。

フーコーによれば、権力は人間の行為にはたらきかけるのに対し、暴力は人間の身体に直接はたらきかける。言いかえるなら、権力は他者に、ある行為をなすように、あるいはその行為のあり方を規定するように作用するのに対して、暴力は、相手の身体にそなわっている力能を物理的に上まわる力によって、その身体を特定の状態（監禁、苦痛、死……）に置くように作用する。（萱野 2005: 51）

萱野は「武器によって脅すことで便所掃除をさせる」という例を挙げ、これを暴力ではなく権力として見るべきだと言います。暴力は行為者に受動性しか残さないのに対して、権力は多少の能動性を残すからです。もし便所掃除をさせることを暴力として考えるのであれば、武器を実際に使って相手を気絶させたり殺害したりして、相手にブラシを強引に持たせ、無理矢理手を動かして便器を磨かせることになります。この場合、手を動かしているのは武器の所有者であり、その手の持ち主には受動性しかありません。それに対して、便所掃除をさせることを権力として考えるのであれば、武器を実際には使わずに相手を脅して、便器を磨かせることになります。この場合、手を動かしているのは手の持ち主なので、多少の能動性が残されていると言えます。この例からわかるように、武器でなくても、何かで脅して何かを行為させることは、暴力ではなく権力による作用の結果です。

カツアゲ（恐喝）を例に出す國分は、萱野による上記の権力論を用いつつ、次のように述べます。

権力の関係は、能動性と受動性の対立によってではなく、能動性と中動性の対立によって定義するのが正しい。

すなわち、行為者が行為の座になっているか否かで定義するのである。／権力を行使する者は権力によって相手に行為をさせるのだから、行為のプロセスの外にいる。これは中動性に対立する意味での能動性に該当する。権力によって行為させられる側は、行為のプロセスの内にいるのだから中動的である。／武器で脅されて便所掃除させられている者は、それを進んですると同時にイヤイヤさせられてもいる。すなわち、単に行為のプロセスのなかにいる。(國分 2017: 151)

「中動性」は、聞きなれない方もおられるかと思います。「能動／受動」の対立では、「するかされるか」が問題となるのに対して、「能動／中動」の対立では、「主語が過程の外にあるか内にあるか」が問題となります(國分 2017: 88)。たとえば、「閉める／閉まる」は「能動／中動」で説明できます。「閉める」の場合、「私が(ドアを)閉める」のように、主語(私)が過程(閉める)の外にあります。それに対して「閉まる」の場合、「ドアが閉まる」のように、主語(ドア)が過程(閉まる)の内にあります。

カツアゲの例に戻ります。「進んですると同時にイヤイヤさせられてもいる」という事態は、「能動／受動」、あるいは「自発／強制」という観点からは、うまく区別できません。お金を出しているのだから能動(自発)だと言うこともできますが、脅されてお金を出させられたのだから受動(強制)だと言うこともできます。そして、「実際にその行為に同意しているのだから、能動(自発)だろう」という自己責任論に帰結する危険性もあります。一方、「能動／中動」の観点からカツアゲを説明すると、脅している人は過程(カツアゲ)の外、お金を出している人は過程の内にいるということになり、うまく区別することができます。

もう一つ、困っている人に義の心からお金を出すという出来事を比較して考えてみましょう。困っている人を見ても、人によってどのような感情をもち、どのような行為をするかは異なりますし、同じ人でも時と場合で対処は違うでしょう。17世紀オランダの哲学者であるスピノザに依拠しながら、この感情や行為の違いは、その人の「本質」によるものだと、國分は言います。困っている人に義の心からお金を出すという行為は、出した人の「本質」を表現しています。それに対して、カツアゲの場合はお金を出した人の「本質」を表現しているとは言えません。國分は前者を「自由」、後者を「強制」と言い換えています。

スピノザによれば、自由は必然性と対立しない。むしろ、自らを貫く必然的な法則に基づいて、その本質を十分に表現しつつ行為するとき、われわれは自由であるのだ。ならば、自由であるためには自らを貫く必然的な法則を認識することが求められよう。(中略) 自由と対立するのは、必然性ではなく強制である。強制されているとは、(中略) 行為の表現が外部の原因に占められてしまっている状態である。(國分 2017: 262)

以上のことを、いじめに置き換えて考えてみましょう。便所掃除やカツアゲは、いじめの例であるとも言えます。だから、いじめも権力の問題として、つまり「行為させる」問題として考えることができます。したがって、いじめにおける「加害/被害」は、「能動/中動」で区別することができます。加害者は過程(いじめ)の外、被害者は過程の内にいます。被害者が自分の本質を表現できず、自分の行為が外部(加害者)を表現しているなら、「いじめ」であろうが「いじり」であろうが、被害者は「自由」ではなく「強制」の状態です。しかし、自らの「思惟能力」を高め、自らの「本質」を認識することで、「自由」に近づくことはできます。國分は次のように言います。

他人から罵詈雑言を浴びせられれば人は怒りに震える。しかし、スピノザの言う「思惟能力」、つまり考える力を、それに対応できるほどに高めていたならば、人は「なぜこの人物は私にこのような酷いことを言っているのだろうか?」「どうすればこのような災難を避けられるだろうか?」と考えることができるだろう。そのように考えている間、人は自らの内の受動の部分を限りなく少なくしているだろう。(國分 2017: 260)

いじめの被害を受けている状態で、自らの「本質」を認識することは容易ではありません。ただ、現状を逆手にとって、「思惟能力」を高めることは可能かもしれません。再三確認したように、いじめは被害によって定義されます。つまり、被害者がいるから、加害者がいるのであって、その逆ではないのです。だから、被害者のおかげで、加害者がいると考えることも、(強引ですが）可能です。被害者が「私のおかげであの人たちがいる」と考えることで、多少なりとも気が楽になることもあるのではないでしょうか。そしてそれは、「思惟能力」を高めたことになり、「自由」になってはいなくても、近づいたことになるのではないでしょうか。無理は禁物ですが、担任の先生や家族に相談する準備はできるかもしれません。その際に、荻上が代表を務めるNPO法人のホームページに掲載されている、いじめの記録ノートや保護者用のチェックシートを活用するのも一考でしょう。権力から完全に解放されることは難しいですが、権力が被害者に多少の能動性を残す以上、そこから抵抗の道を探ることは可能なのです。

6　おわりに

冒頭でも申し上げた通り、私はいじめ研究を専門としてはいませんが、「いじめは加害者や被害者にのみ焦点が当てられるが、それ以外の側面も検討しなければならない」という、先行研究にある程度共有された視点に、共感と同時に違和感を持ちました。その違和感を出発点として、自身の体験と照らし合わせながら書いてきた考えを、少しでも皆さんと一緒に深めることができればと思います。最後にもう一つ、質問の答えをお考え下さい。

Ｑ：あなたは、いじめをなくしたり減らしたりすることができると思いますか。また、それはなぜですか。

Ａ：

参考文献・資料

石川友恵（2019）「大津の中2自殺、同級生に賠償命じる　大津地裁」『朝日新聞デジタル』朝日新聞社〈https://www.asahi.com/articles/ASM2L52S0M2LPTJB00K.html?iref=pc_extlink〉（２０１９年9月23日参照）

尾木直樹（2013）『いじめ問題をどう克服するか』岩波書店

荻上チキ（2018）『いじめを生む教室　子どもを守るために知っておきたいデータと知識』ＰＨＰ研究所

萱野稔人（2005）『国家とはなにか』以文社

國分功一郎（2017）『中動態の世界　責任と意志の考古学』医学書院

鈴木翔（2012）『教室《スクール》内カースト』光文社

高木文子（2019）「いじめメモ、担任がシュレッダー廃棄か　岐阜の中3死亡」『朝日新聞デジタル』朝日新聞社〈https://digital.asahi.com/articles/ASM7553TRM75OIPE01S.html?iref=pc_ss_date〉（２０１９年9月23日参照）

堤恭太（2019）「埼玉で高校生が転落死　走り書き「教育委、大ウソつき」」『朝日新聞デジタル』朝日新聞社〈https://digital.asahi.com/articles/ASM995359M99UTNB013.html?_requesturl=articles%2FASM995359M99UTNB013.html&rm=394〉（２０１９年9月23日参照）

内藤朝雄（2009）『いじめの構造　なぜ人が怪物になるのか』講談社

森田洋司（2010）『いじめとは何か　教室の問題、社会の問題』中央公論新社

文部科学省初等中等教育局児童生徒課（2019）「平成30年度　児童生徒の問題行動・不登校等生徒指導上の諸課題に関する調査結果について」〈https://www.mext.go.jp/b_menu/shingi/chousa/shotou/152/shiryo/__icsFiles/afieldfile/2019/10/28/1422229_004.pdf〉（２０１９年11月４日参照）

第3章 いろいろな学びの形
――高校生活の多様な選択肢

竹村修文・名嶋義直

1 先輩からのメッセージ

《20代の自動車教習所指導員明日香さんから15歳の自分へ》

青春真っ最中のはずだった高校生になってから、よくわからないしんどさにぶつかったり、落ち込んだり、何度かルート変更したりするかもしれないけど、いろいろなところで人に出会いながら歩いていけば、きっと自分のやりたいことがみつかるよ。夢をあきらめずにがんばって。

《19歳高校を中退して働き始めた奨くん》

高校1年生の7月に高校を中退して働き始め4年目。来年は20歳になります。僕の母は中学を卒業して20年以上たってから高校の通信制課程を卒業。中3のときに突然母が高校受験するって聞いて、その時はとても続けられないだろうと思っていたけど、今では忙しい中で最後までやり遂げた母が誇らしいです。自分でも、もう一度高校卒業をめざしてみようと考えています。

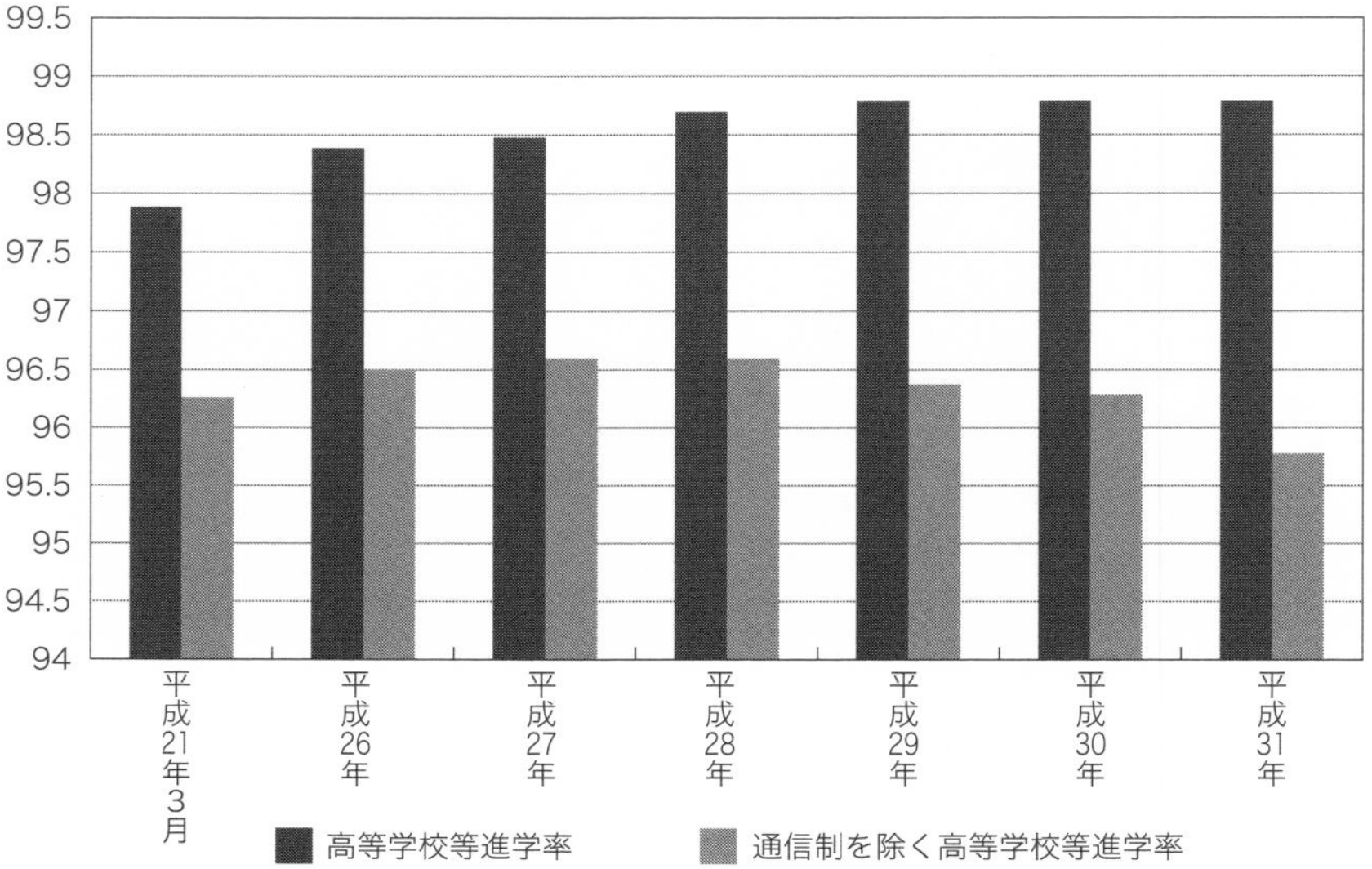

（文部科学省　令和元年度学校基本統計等をもとに筆者作成）

図3・1　中学校卒業後の高等学校等進学率の推移

中学卒業までが義務教育。そう言われていますが、高校に進学する割合は2019年3月の中学卒業生の98・8%（文部科学省学校基本調査（令和元年度）通信制課程への進学を含む数値、4月時点）と、ほとんどの生徒が高校進学という進路を選択していることがわかります（図3・1）。

高校入学は自分らしい生き方や社会とのかかわり方について本格的に考え始める時期でもあります。部活動や生徒会活動に打ち込みながら勉強を続ける人もいます。しかし時には高校生活に意味を見出せなかったり、勉強する意欲を喪失したりもします。そのことは大きなマイナスなのでしょうか。いろいろな生き方学び方について一緒に考えてみましょう。

Q：義務教育が終了したあと多くの人が高校に進学するのはなぜでしょうか。

A：

Q：進路の選択は自分らしい生き方とどう関わってくるでしょうか。
A：

2 引きこもりから転校を経験して

(1) 自動車学校の指導員として

明日香：先生、お久しぶりです。
田中：よく母校を訪ねてくれましたね。元気そうで何よりです。

明日香さんは故郷を遠く離れた関東のある県で自動車学校の指導員をしています。休日を利用して母校である高校の職員室に教務主任の田中先生を訪ねました。自動車学校で指導員として働く明日香さんの仕事は、月曜から土曜日の間、毎日1限50分の教習を7限担当する忙しいものです。

田中：自動車や二輪車の運転という技術的なことを自分でするのも難しいけど、それを他人にできるようになるまで指導するのはもっと大変でしょう。
明日香：そうですね、でも自動車学校に通っている人は免許をとりたいという、はっきりとした目的意識がありますから熱心に取り組んでくれますよ。私は自動車以外に自動二輪の技能教習も担当しているんですけど、狭い道路でも低速でゆっくりと安全に走行する技術を身につけるための教習があって、結構苦手な人もいるんです。でもコツがあって、それを教えてあげて成功した時のうれしそうな顔を見てるとやりがいを感じますね。最終的に卒業検定に合格して喜んでいるのを見ると、私までうれしくなりますね。

田中：なるほど、充実した毎日を送っているようだね。ところで、どういうきっかけで遠くにある関東の自動車学校に勤めることになったの？

明日香：卒業後の仕事を探していたときに、持っている資格を自分が好きな分野に生かすことができないかと考えて、いろいろと探していた時に教習所の求人をみつけたんです。それに、ここで経験を積めばいつか故郷に帰って仕事を続けることができるかもしれないと思って。

明るい雰囲気で目を輝かせながら仕事のようすを話してくれる明日香さんですが、高校を卒業するまでには7年間の年月を要しました。

(2) 高校入学、そして転学

明日香さんは中学を卒業後、地元の公立高校の全日制に進学しました。成績優秀でリーダーシップのとれる明日香さんは、入学後すぐに学年の中心的な存在として友達からも先生からも認められるようになりました。弓道部に所属し、一年生後期からは生徒会執行部メンバーにも選ばれて、文化祭や体育祭の準備や運営でとても忙しい毎日でしたが、やりがいも感じていました。

2年生に進級しこのまま順調に学校生活を送ると思われていましたが、明日香さんに異変が訪れます。2年生の5月頃に突然、体に力が入らないような、なんともいえない体調不良に悩まされはじめたのです。朝、学校に行こうとしても起き上がれないし、自分の部屋から外へ出られなくなって、明日は行こうと思うのですが、また同じことの繰り返し…、そんな日々が続きました。病院に行っても特に悪いところは見つかりませんでした。心配した学級担任の先生や部活顧問の先生からは毎日のように、「君ならだいじょうぶ、学校に来るのを待ってるよ」という電話があるのですが、明日香さんはそれすら励ましの言葉として受け入れる余裕がなくなり、徐々に自分に対するプレッシャーのように感じ始めていました。

明日香：今になって考えてみると、2年生になり、3年生が部活動を引退してから主将をまかされて、あの先輩のようにならなきゃって思うことがストレスになっていたのかもしれませんね。9月に入る頃には年間を通じて出席日数が足りなくなって、3年生への進級ができなくなることが確実になったので、思い切って高校を休学することにして、4月からもう一度頑張れるかもしれないと漠然と考え、10月を目前にして休学願いを出しました。

田中：休学の話をしてみたとき、ご両親は理解してくれましたか。

明日香：父は、長い人生の一年や二年、休んだところでどうにでもなる。それでいいんじゃないかと言ってくれ、母も休学を受け入れてくれましたし、自分の気持ちも少し楽になりました。

朝学校に登校しようとすると起き上がれない…、明日香さんの高校には県内にある国立大学医学部附属病院小児科の医師が医療アドバイザーとして協力してくれています。その先生のお話では、思春期に学校生活等でのストレスが原因となって心身症としての起立性調節障害といわれる症状があらわれることがあるそうです。本人の状態が周囲から理解されず、怠けているとか、サボり癖のように見られると、ますます苦しい状況になってしまい、また、気になることを言われることで症状が悪化することもあります。明日香さんの場合は、休学することについてご両親の理解があったことがその後比較的早期に回復できた理由の一つかもしれません。明日香さんの話は周囲の理解やサポートの大切さを教えてくれます。

(3) アルバイトと趣味のバイクを通じて社会と出会う

明日香さんは休学したことでプレッシャーから解放され重荷を降ろすことができました。そして、だんだんと起き上がって自分の部屋を出られるようになり、やがて外出もできるまでに元気を取り戻すことができました。「ずっと家にいるより、アルバイトをしてみたいな」と思うようになり、近所にあるファストフードチェーン店に応募し、初のアルバイトを経験しました。

田中：初めてのアルバイトは戸惑うことも多かったんじゃないですか。

明日香：はい、接客中心で緊張もしましたし失敗も経験しましたけど、お客様にとってはアルバイトも正社員も関係なく、一人ひとりがお店のスタッフなんだということを実感しました。

田中：アルバイトでの接客を通じて他人とのコミュニケーションに慣れて、対人関係にプレッシャーを感じることが少なくなったかもしれないね。

明日香：そうなんです。学校生活がほとんど全てだった頃に比べて、少し離れたところから自分の高校生活を振り返ることができるようになって、社会人として高卒は求められる条件の一つなんだから、高校に戻って卒業しようと思えるようになりました。

明日香さんは同じ高校で復学し卒業をめざすことも考えましたが、本来なら一学年下にあたる後輩たちに混じってもう一度2年生として学校生活を送ることには抵抗を感じ、学級担任の先生に相談しました。そして単位制高校なら1年生で修得した単位を活かせるということを知り、自宅から通学可能な距離にある中規模の単位制高校昼間部に転入学することを決めました。

明日香：単位制高校に転入学したことで、新しい気持ちで学校に行こうと思ったけど、ここでも自分の居場所が見つからないような気がして。結局登校しなくなって、いったい卒業はいつになるのかなとか思うようになりましたね。

田中：新しい学校で、すでにでき上っている人間関係の中に入って行くのは難しいこともあるからね。

転学してもなかなか思うように登校できない日々が続きましたが、しかし、この時の明日香さんは前の高校で登校できなくなった時とは違っていました。アルバイトを通じて社会との接点を持っていたからです。

明日香：アルバイトが終わって自転車で家に帰るとき、バイクが私を追い越して行ったんですよ。気持ちよさそうにスーッと追い抜いて行くのを見て、すごく自由でどこにでも行けそうなそんな気がしたんです。

明日香さんはさっそく原動機付自転車の免許を取得し、アルバイトでためたお金で50ccのMT車を購入しました。アルバイトを始めてからは、携帯電話の料金を自分で支払い、コツコツと貯金もしていたのです。原付免許を取得した翌年には普通自動二輪免許を、さらにその二年後には大型自動二輪免許と普通自動車第一種免許を取得しました。アルバイトを続けながら19歳になった明日香さんは「もう一度がんばって高校卒業資格をとろう」と強く思うようになりました。

明日香さんはもう一年すると20歳、社会人として自立することで両親にも安心してもらいたい、そのためには高校を卒業しなければと思います。転学した単位制高校にそのまま籍を置いていたのですが、なかなか登校する気になれず、卒業に必要な単位にはまだ足りません。そこで、同じ高校にある通信制課程で残りの単位を修得して卒業をめざすことにしました。明日香さんの在籍していた高校は多部制単位制高校として昼間部・夜間部・通信制課程の3課程を有する学校だったのです。

(4) 多部制単位制高校の生徒として

他の高校からの転入学に対して、このように同じ高校の他の課程から籍を移すことを転籍といいます。明日香さんは同じ高校の通信制課程に転籍しました。ちょうどその頃に通学ルート途中のバイクショップで求人があることを知った明日香さんは、早速履歴書を書いて応募し、アルバイトとして採用されました。接客や雑用をこなすうち、仕事への理解も深まり自分でバイクの整備をしてみたくなりました。

明日香：実は整備士になりたいんですって職場の人に話したことがきっかけで、仕事を通じて整備について教えてもらい、三級自動車整備士の資格を取得することができて、正社員として働かせてもらえることになりました。

田中：いやぁ、知らなかったよ。高校卒業より前にずいぶんといろいろな経験をしたり、資格をとったりしたんだなぁ。

明日香：「え、女の子が整備するの、男の人にしてよ」っていうお客さんの言葉に落ち込んだこともありましたけど、私が整備したバイクに乗ってお客さんが帰る時に、笑顔でありがとうって言ってくれるとうれしかったですね。やりがいかな、達成感っていえばいいのかな。趣味の話になってしまうんですけど、勤務先のバイクショップがスポンサーとしてサポートしてくれたので、レーサーとして大会にも出場したんですよ。

田中：通信制高校の生徒で、バイクショップの正社員で、しかもレーサーだったわけだね。話を聞いているだけでもすごく忙しそうだよ。

明日香：茨城県の筑波サーキットで、毎年成人の日にひらかれる極寒3時間耐久レースに出場した時には3位で、人生初の表彰台になりました。

レースに出場するということは、レーシングチームの一員として行動することです。バイクのパーツやウェアやタイヤを提供してくれるスポンサー、移動のときに車を運転してくれるスタッフ、一人がレースに出場するために裏方として支えてくれる人がたくさんいることを知りました。筑波サーキットで表彰台に立ったその翌年の3月、明日香さんは通信制課程で高校卒業に必要な単位数の修得を終え、卒業証書を手にしました。中学卒業後、最初の高校の入学式から数えて実に7年が経過していました。卒業式当日に式辞を読んでくれた校長先生は、最初に入学した高校で教頭先生としてお世話になったという縁があり、彼女の卒業をとても喜んでくれました。

（5）自動車教習所指導員に

明日香：卒業前の夏には北海道にツーリングに出かけていたんです。

明日香さんは休学や転学、転籍をしたために、修学旅行に行く機会がありませんでした。しかし、レースに出場するためチームのメンバーと日本各地へ移動したり、長距離のツーリングに出たりすることで、高校単位で行く修学旅行とはまた違った経験を重ねていたようです。

明日香：でも、北海道から戻ってしばらく後に、勤務先のバイクショップが倒産して閉店し急に失業してしまいした。こんなことってあるんだって驚きましたね。正社員として働かせてもらっていたので、卒業してから就職先を探すことを考えていませんでしたから。

田中：それがきっかけで自動車教習所指導員という職業を選ぶことになったんだね。よく関東まで行く決心をしたね。ツーリングやレースに出場するために各地を知っていたことで、就職先を考える視野が広がっていたんでしょう。明日香さんの高校生活は、実に中身が濃いなぁ。改めて驚くよ。就職後もキャリアを重ねるためにいろいろと資格に挑戦したそうだね。

明日香：はい、どんどん仕事に必要な資格に挑戦していますよ。来月からは技能教習に加えて学科教習も受け持つんです。

明日香さんが仕事に関連してその後に取得した資格は以下のものでした。前向きな姿勢は職場で評価され、周囲からの信頼も厚くなっていきました。

普通自動車教習指導員資格、普通自動二輪教習指導員資格、中型自動車第一種免許、準中型指導員資格

田中：もう立派な社会人、ベテランの指導員だね。特別活動の時間などに、明日香さんの高校生活や仕事の経験を後輩に話をしてもらえる機会があるといいんだけどね。高校の後輩や、仮に15歳の時の自分が目の前にいると思って、声をかけてあげるとしたら何て言ってあげたいかな。

明日香：自動車学校に来る人は運転免許というわかりやすい目標があるけど、高校に入学するときにはっきりした目標を持てる人は少ないかもしれません。自分のしていることを重く感じたり意味を見出せなくてしんどくなったり、やめたくなったりすることだってあると思うけど、社会の中には、やり直しっていうか学び直しの方法はいろいろあるから、焦ったり他人と自分を比較して落ち込んだりしないで少しずつでもいいから自分のペースで前に進んでほしいですね。

明日香さんは高校入学→休学→転学→転籍→卒業と、7年間高校に在籍していました。全日制高校にいた期間を除いて、多くの期間は仕事と学校生活の二本立てでした。中学を卒業して高校に入学した時点では、自分でも想像もしていなかったことです。元来、勉強することが好きであったことも、忙しい中、あきらめずに卒業までたどり着くことができた理由の一つでしょうが、仕事を続けながら自分のキャリアを積み重ねるには大変なこともあったはずです。高校卒業は必ずクリアしなければならない関門と捉えて乗り切ることができたのでしょう。いま彼女は、二輪車の技能教習のように体力の必要な現在の仕事を続けるには年齢的な限界があるかもしれないと考え、働きながら保育士の資格をとることを検討しています。まだまだ自分自身で課題をみつけて勉強を続けるつもりです。

3　母の高校受験挑戦

もう一人、明日香さんと同じ高校の通信制課程で卒業証書を手にした人を紹介します。病院で介護士として働く今日子さんは息子の奨君と同じ年の4月に高校に入学しました。でも話を聞くと、二人とも同じ時期に高校に入学するとは、その一年前には考えられないことだったようです。

(1)　息子と一緒に高校を受験することに

中学3年生の秋、奨君は高校受験を翌年に控えていました。志望校を決めるための三者面談があったときのことです。担任の先生から「志望校合格にはもっともっと、がんばらないといけない」と言われ、家に帰ってから母親と口論になってしまいました。第一志望の高校には合格できないかもしれないという不安で気持ちが荒れていたのかもしれません。先生や母の言葉が励ましには聞こえず、自分への攻撃のように感じてしまった奨君は…。

奨：母さんは高校に行ってないんだろ、偉そうに僕に言わないでよ。

思わず口から出てしまった言葉にすぐ後悔しましたが、取り消すことはできません。母の今日子さんは寂しそうな顔をしていました。それから一か月してからのことです。「私も高校に行くから、奨も頑張って志望校に合格するんだよ」とお母さんが真顔で言いました。冗談なのか本気なのか、夢を見ているのか、何が何なのかわけがわからない感じ、そんな奨君でした。

奨君にとって高校に行くということは同じ時期に中学を卒業した人が横並びで一緒に進学するということでした。実際に義務教育といわれる段階では成績や出席の状況に関係なく進級するので年齢と学年は一致します。奨君はその延長線上に高校受験があると思っていたので、また「母さんが高校行くなんて、今さら無理に決まってるだろ」と言ってしまいました。その時は自分の高校進学のことで精一杯で、母親が高校に通学する姿なんて想像できなかったからです。すぐに奨君はまた母を傷つけるようなことを言ったのかもしれないと思いましたが、今日子さんは一か月前に奨君が、荒れた態度で傷つけるようなことを言ってしまった時のような寂しそうな顔にはなりませんでした。奨君の顔をしっかり見つめながら、

今日子：来年、高校の通信制課程に入学できるよう試験を受ける準備をしているから、奨もしっかり勉強してね。今が高校受験に一番大切な時期だよ。

奨：通信制課程なら15歳じゃなくても、大人になっても受験できるの？

今日子：先週の日曜日に、入試説明会に行ってきたけど、私くらいの年齢の人や、もっと年上に見える人もいて、

幅広い年齢層が勉強しているみたいよ。よその高校からの転学希望者や、いったん退学した人の編入も多いみたい。

奨：中学を卒業してすぐ入学する人もいるの？

今日子：もちろんいるわよ。定時制や通信制の課程は、元々働きながら学ぼうとする勤労学生のためにできたんだけど、中学から新卒で進学する人もいて、今では高校受験の選択肢の一つにもなってるみたいよ。

今日子さんが目指す高校の通信制課程では、生徒の半数近くは他校からの転入学や編入学生で占められていました。単位制なので、学年というとらえ方ではなく、自分のペースで卒業をめざすことができます。転学は転校と言われることが多いのですが、高校に在籍している人が他校に籍を移すことです。高校生であることをやめずに学校を変えるとでもいえばいいでしょうか。編入は、他の高校を退学した人が、その高校で修得した単位を引き継いで、新たに編入学した高校で修得した単位を加えて卒業をめざすことです。転学でも編入でも、以前に在籍していた高校で単位を修得していない場合は、中学を卒業した人と同じ新入学生になります。今日子さんは高校1年生の途中で退学していましたから修得単位は「0」なので、新入学生になりました。

(2) 高校中退、仕事と家庭

奨：今まで聞いたことはなかったけど、母さんはどうして中学卒業してから高校に行かなかったの。

今日子：そうよね、話したことなかったよね。実はね、中学3年生の時に受験したんだけど、第一志望の公立高校に不合格だったの。私立の高校には合格したんだけど、授業料がすごく高くて、両親には負担かけたくないって気持ちが強く、公立高校の2次募集を受験して合格して他の高校へ入学したの。

奨：へぇ、ぜんぜん知らなかったなぁ。

今日子：でもね、元々その高校を希望してなかったから入学後の目標がなくて、何か夢中になって打ち込めるものを見つけようと思ったけど見つけられず、だんだんと勉強への意欲も湧いてこなくなって、なんで私はここにいるんだろうって考えが頭の中に浮かんで、高校が自分の居場所として感じられずに、結局2か月で退学してしまったわけ。

奨：ひょっとしてだけど、僕に第一志望校に入学できるよう勉強がんばれって何度も言うのは、母さんの経験からの親心だったのかな。

今日子：うん、まあね。そういうこともあるかな。

奨：退学してからはどうしてたの。

今日子：しばらくは何にも手がつけられなかったけど、自立しなきゃいけないっていう気持ちは強かったから、近所でアルバイトをしてたわね。何とかして高校卒業の資格をとらなきゃって思いはあったけど、アルバイト中心の生活をしているうちに、だんだんと頭の中から消えて行って、高校生活というものがイメージできなくなったわね。

奨：その頃に父さんと知り合ったわけ。

今日子：そうそうその通り（笑）。中退してからずっとアルバイトを続けていて、20歳を過ぎてから結婚して、奨が生まれたのよ。

今日子さんは通信制課程を3年間で卒業し、現在病院で介護の職員（介護福祉士）として働いています。奨君は仕事をする母の姿を直接見たことはありませんが、病院は命を預かるところですし、交代制で夜勤もある仕事で、高齢者の身の回りの世話ではからだを抱えたり、持ち上げたり、相当体力も気力もいる仕事だろうと思っています。しかし、母が仕事に関連する多くの資格を取得するためにがんばっていたことは、あとで聞くまで知りませんでした。

（3）病院で働く介護の仕事

お母さんと同じく、奨君も志望校に合格することができました。その高校に決めた理由は、自転車で通学できる範囲にあって、叔父さんがそこを卒業していることや、卒業後の就職指導に関して熱心に取り組んでいる印象があったからです。入学してからの具体的な目標は特にありませんでした。それもあってか、1学期の後半、高校生活に興味を失ってしまいました。退学する積極的な理由があったわけではありませんが、学校より社会に出て働いてみたいという気持ちの方が大きくなりました。そこで家族と相談して退学届けを出し、現在、奨君は隣県でひとり暮らしをしています。

久しぶりに帰省した奨君は母の手料理を食べながらゆっくりと話をしていました。

奨：母さんはずっと今みたいに病院で働いているってイメージだったけど、それはいつ頃からなの。

今日子：この種の仕事を始めたのは、奨が一歳になった頃だったわね。ちょうどその時期に新しく介護保険制度がスタートして、病院の中に「療養型介護病床」という介護療養型医療施設ができたの。そこで看護助手(1)として就職したのが最初ね。

今日子さんの現在の職業である介護福祉士の資格を取得するには大きく三つの方法があり、①高校を卒業してから福祉系専門学校の養成課程を卒業して国家試験を受ける、②高校の福祉系学科を卒業して国家試験を受ける、③病院や介護施設で3年以上の実務経験を経て国家試験を受ける、という方法があります。今日子さんは病院で看護助手として仕事を続けながら、2009年に介護福祉士の資格を取得しました。

今日子：試験に合格して、正規の介護職員として働いて、社会人としては一人前よね。でもある時、休憩時間中なんだけど、親しい職員同士で共通の友達がいることがわかって話がもりあがったの。その時に、出身高校はどこなのかって聞かれて言葉が出なくて…。それから私が休憩室にいるときには高校の話題が出なくなったわね。
奨：それって、仕事をつづけながら通信制高校に入ろうと思ったきっかけ？
今日子：一番直接的なきっかけは、久しぶりに友達と再会したとき、通信制課程で高校卒業をめざしている話を聞いて、初めてそういう方法があることを知ったわけ。通信制なら仕事しながらでもだいじょうぶだよって、彼女が私にも入学を勧めてくれたの。
奨：僕が、高校卒業してないくせにって言ってしまったからじゃなかったわけだ。
今日子：今まで知っていた全日制高校とは仕組みが違うところもあって、学校から送られてくるレポートに一人で取り組むことやスクーリング（面接授業）で久しぶりに授業を受けることには最初の頃は戸惑いもあったかな。
奨：社会人が働きながら続けられるように、学習のスタイルが違うんだね。
今日子：通信制課程は自由な反面、レポートの締め切りが厳しく決められていて、期限を守って【自学自習】することが原則なの。そういう意味では厳しい学校ともいえるけど、私にはその厳しさが結構あっていたようね。
奨：中学校を卒業したばかりの人や、仕事を持っている成人の人が同じ教室で学ぶのは、ほぼ同年齢の人だけしか教室にいない高校とはずいぶん雰囲気が違うんだろうな。
今日子：そうね、幅広い世代の人が勉強しているけど、先生たちは私たちをまず社会人として扱ってくれて、指示されるというよりアドバイスを受ける感じでやりやすかったね。
奨：仕事と両立をめざしている生徒に対して、大人として接しているみたいだね。
今日子：中には家庭をもって子育てしながらという人もいるしね。年齢が近い人の中には、すっかり打ち解けあって、これからの人生を共にできるような良い仲間もできたし。

奨：ただ卒業のために単位を取りに行くだけじゃないんだね。

今日子：勉強以外に学校行事もあって、生徒会のリーダー研修に参加したり、文化祭では食品販売の屋台を出店したり、生徒の中では年齢が上の方なんだから、より良い学校づくりに貢献できたらと思ってやっていたけど、振り返ってみれば自分にとっても充実した時間になっていたかな。

今日子：でも病院で働きながら実感したんだけど、どんな仕事でもやっぱり国語、特に漢字はしっかり勉強しておかないといけないってね。担当している患者さんの名前が読めないことがあってそう思った。

奨：学生の時は学校の勉強っていったい何の役に立つんだろうって思ってたけど、やっぱり社会に出たら必要になるのかな。

今日子：仕事中に患者さんの名前を読めなかった頃のことを振り返ってみて、通信制課程で学ぶことの大切さや学生生活の楽しさも経験できたし、3年間で卒業証書をもらって高校卒業資格までたどりついて…。友人と偶然の再会がきっかけで入学してここまで来た事は自分でも不思議でならないわ。

奨：仕事と高校を両立させる毎日もやっと終わったわけだね。家事もあったし。

今日子：卒業しても一年間は特科生（聴講生）として簿記の授業を選択して、今は簿記3級にも挑戦中だけどね。

奨：母さん、卒業なんて絶対に無理だと思ったけど頑張ったね。仕事もあって家でいっぱい宿題のレポートやって、毎日忙しいのに入学前よりイキイキして見えたよ。僕は高1の途中で退学してしまったけど。

今日子：20年以上前に高校を中退してしまって、心のどこかにずっと残っていた劣等感とはお別れしたし、自分自身が新しくなったような、そう新鮮に感じられるようになったね。

奨君は高校を退学し、建設関係の会社で働いて4年目を迎えています。仕事を通じ、社会では高卒が就職に関する状況を大きく左右することや、学校の勉強が職業の基礎として必要なこと、学校で勉強することが仕事や社会の中でどう活かされるのかが少しずつわかり始めてきた時期でもあり、もう一度高校卒業を目指してみたいという気持ちがめばえ始めました。

今日子：友達から背中を押してもらった私が、今度は同じように高校を中退して、それから仕事中心の生活をしてきた友達に、通信制への入学を勧める側になって、彼女も今、同じ高校の通信制課程で勉強しているのよ。奨もやる気さえあれば、働きながらもう一度高校卒業をめざす方法は他にもいろいろあるわよ。

(4) もう一度高校へ

奨君は母の経験を聞いて自分も勤労学生として仕事を続けながら学ぶことが可能な、高校の定時制課程や通信制課程のことを知りたいと思うようになりました。

奨：全日制の高校と通信制はどう違うんだろう？　母さんは20年ぶりに高校に入ったわけだから余計に勝手が違ってたんじゃない？

今日子さんは、4年前に入学した時のことを振り返りました。通信制課程合格者の登校日、集合した教室で学び方についての説明があったことを思い出しました。通信制課程は単位制なので学年制高校とは違うことがいくつかあるようでした。単位制なので毎年科目登録が必要なこともその一つでした。

田中：こんにちは、教務主任の田中です。これから教科登録を行っていただきます。ご存知のように本校の通信制課程は単位制です。3年以上在籍して、必履修教科を含めて74単位を修得していただくことが卒業条件になります。その他に特別活動には卒業までに30時間の出席が必要になります。最短で3年間で卒業することが可能ですが、本校通信制課程の規定では最長9年間の在籍が可能です。その間に卒業に必要な単位を修得して卒業をめざしてください。学年制の高校と違って、卒業までに必要な期間は個々の生徒の学習ペースにより違ってきます。

今日子：わかりました。家庭もあり、病院で働いているので忙しいですが、しっかり勉強して3年で卒業するつもりです。

田中：その気持ちを忘れずがんばってください。それではこれから、教科登録について一人ひとりの生徒さんに担当の教員が協力しますので、よく相談をして教科登録をしてください。

そして今日子さんは初年度の科目登録を済ませました。必履修教科を中心に8科目の受講を決め、登録した単位数の合計は24単位になりました。今日子さんは、学年制・全日制の高校とはちがって単位制だから教科登録することで自分で時間割を作っているような感じだったと振り返ります。「一人ひとり違う時間割なんだ」と。入学初年度は必履修教科を優先して科目登録するため、よく似た時間割になることが多いのですが、田中先生によれば、「1年目にしっかり勉強して必履修教科の単位を修得できれば、2年目、3年目は残りの必履修教科をとりながら、自分が興味や関心をもつ科目を中心に選ぶことができるようになって、自由度が大きくなりますよ」とのことでした。

それから3週間ほどたって入学式がありました。60名ほどの新入生と、ほぼ同じ数の転入、編入学の生徒を加えて、合計で120名の生徒が体育館に集まりました。社会人、成人がたくさんいることも改めて感じました。制服は無く服装は自由。今日子さんにとって仕事を続けながらの高校生活は予想通り忙しかったですが、順調に卒業に必要な単位を修得し、最短の3年間で卒業式を迎えることになりました。またその間、学校でも職場でもキャリアアップにつながる講習会や研修会にもどんどん積極的に出席していました。今日子さんが取った資格などから仕事に関連するものをあげてみます。

介護福祉士実習指導者講習会修了証、認知症ケア指導管理士認定証、認知症実践者研修修了証、認知症介護実践リーダー研修修了証、知的障害者移動介護従業者養成研修修了証

今日子：高校ではパソコン操作の基本を勉強する「社会と情報」が必修だったけど、病院の仕事でパソコンを使って毎日記録を残すことがとても大変だから、ちょうどいい機会だと思って、パソコン教室で練習させてもらって、Microsoft Word検定1級にも挑戦して合格。Excel検定3級にも合格したよ。

奨：学校の勉強以外にもやっていたわけだ。パソコン関係は仕事ですぐ役に立つよね。

今日子：ガレージにバイクあるでしょ。高校を卒業した年に大型自動二輪免許も取得してバイクを買ったからね。時々一人でツーリングに出かけてリフレッシュして、今はケアマネージャー資格[2]をめざして勉強してるよ。

今日子さんはいきいきと今後の目標を語りました。

4　高校の選択肢はいろいろ

(1) 単位制と学年制？　全日制？　定時制？　通信制って何？

奨君はもう一度高校入れるかどうか、今日子さんの卒業した高校の教務主任である田中先生を訪ねて、いろいろ

と聞いてみることにしました。

田中：仕事をしながら高校に入学して卒業をしようと思って、定時制や通信制課程に興味を持っているそうだね。

奨：はい、母が卒業したこの高校では単位制昼間部の他に夜間部と通信制課程があると教えてもらいました。

田中：そうです、単位制の昼間部と夜間部もありますよ。高校ではよく【単位】という言葉が出てくるけど、義務教育の小学校や中学校では聞くことがなかった言葉だね。その意味はわかるかな。それから、高校で勉強する上で履修と修得の意味も知っておいた方がいいでしょう。

奨：たしかに【単位】ってよく聞く言葉だけど、実際にどういうことなのか深く考えたことはなかったかも。

田中：少し難しい言い方になるけど、文部科学省の高等学校学習指導要領では、高校の1単位とは50分の授業×35回ということになってます。通常、高校の年間計画では学校行事を除いて授業を35週分確保するように計画されるわけですね。

奨：以前に通っていた高校だと、1限50分で1日6限の授業が月曜から金曜までの5日間だったから、1学年で30単位ということになるわけですか。

田中：そうですね、その場合だと1学年30単位で、3学年の合計で90単位を勉強することになって、それぞれの学校の定めた単位数以上を修得することが卒業の条件です。文部科学省では最低基準を74単位以上としています。

奨：履修と修得とを区別する必要があるんでしたよね。

田中：1単位とは50分の授業×35回でしたね。これにきちんと出席することで、「履修」が成立します。出席の基準を学校ごとに決めるのですが、3分の2以上としているところが多いようです。しかし、履修しただけでは単位を修得したことにはなりません。単位修得には、履修をしたうえで、定期考査で欠点にならない点数を取り、所定の提出物や、教科によっては実技などにしっかり取り組んで、評価を学校で定めた基準点以上にする必要があります。どんなに成績が優秀であっても、「履修」が成立していなければ「修得」したことになりません。

奨：そういえば、以前通ってた高校でよく欠席が多いと留年になるということを言われたな。

田中：学校の規定によりますが、一般的に学年制の学校で、教科の欠席が学校の規定以上に多いとその教科の履修が成立せず、同じ学年をもう一度初めからやり直すことになるわけです。生徒の中には海外留学する人もいますが、欠席日数が多くなって留年するのを覚悟で行く人もいますよ。

奨：交通事故で入院した友達が、欠席日数のことをすごく気にしていましたね。

田中：それから話に出てきた学年制と、本校の通信制課程のような単位制ですが、一般的なのは学年制でしょうか。学年ごとに学習する教科・科目（教育課程）が決まっていて、学校で決めた単位数以上を修得しないと進級することができず、原級留置となってもう一度同じ学年で勉強のやり直しになります。

奨：後輩と同じ学年になるのはあまり嬉しくないかな。なんか慣れるまでやりにくそう。

田中：それに対して単位制は、教科ごとに修得した単位数を合計して卒業の認定をする高校です。自分のペースで4年、5年と時間をかけて単位を修得して卒業する生徒もいます。

奨：僕がもういちどやり直すなら、定時制か通信制を選ぼうかな。

田中：最近では学年制と単位制を併用している高校もありますよ。全日制課程と定時制課程の区別は、わかるんじゃないかな。

奨：朝から授業しているのが全日制で、夕方始まるのが定時制ということですか。

田中：全日制課程では、月曜日～金曜日の間、朝から登校して1日6時限（1時限は50分）行うことが多く、3年間で規定単位数以上を修得して卒業となります。

奨：わかります、退学するまで通っていた高校は全日制でしたから。

田中：定時制課程では、月曜日～金曜日の夕方、1日4時限程度の（1時限は45～50分）の授業を受けます。学校によっては午前、午後に時間を行う昼間定時制もあります。全日制課程よりも1日に受ける授業数が少ないので、4年間で卒業というのが一般的ですが、多部制を採用している学校では自分が在籍している以外の他の課程で授業を受け、単位を修得することで、3年間で卒業することもできます。本校の昼間部も朝から授業をしていますが、定時制になるんですよ。

奨：朝から授業をしていても、定時制になるのは知りませんでした。

田中：通信制課程については、単位認定の条件などが異なるので、もう少し詳しく説明しましょう。

(2) 広域通信制と狭域通信制

少子化が進んでいるにもかかわらず、通信制高校は増えています。2019年度の文部科学省による学校基本調査では、全国に253校が設置されています。通信制課程のみの高校は113校（うち公立7校）、他の課程と併置している高校は140校（うち公立71校）です。生徒数は19万7779人（男子10万2014人、女子9万5765人）で、前年度より1万1277人増加しています。その背景には勤労学生に加えて、中学時代に不登校であった生徒の選択肢となっている場合や、いったん他の高校に進学したものの色々な事情で退学した生徒の新たな進学先としても選ばれていることなどがあります。自分のペースで学習できる単位制の柔軟さが、通信制課程への進学者が増加している背景にあるようです。最近は大手出版社が母体となって全国規模の通信制高校を開設し、活発に生徒募集を行うケースなど、中学生の進路選択の一つにもなっています。スポーツや芸能の世界をめざしている生徒が選択する場合もあります。

この通信制課程ですが、大きく二つに分けられます。全国どこに住んでいても応募することができる広域通信制と、学校のある都道府県に居住していることが原則となっている狭域通信制があります。

田中：平日は毎日授業のある全日制、定時制課程と違って、通信制課程という言葉のイメージで、郵便で宿題をやり取りするなら全国どこに住んでいても入学できるだろうと思いがちですよね。しかし、実際の通信制課程では単位を認定してもらうために面接指導（スクーリング）への出席が必須なんです。スクーリングに登校できる範囲に住んでいないと単位が修得できなくなりますから、注意が必要ですね。

奨：僕も母が通信制高校に入学するって話を聞いた時、家に送られてくる宿題をやってさえいれば卒業できるのかと勘違いしていました。

田中：公立高校の通信制課程の場合は基本的に狭域通信制で、広域通信制は基本的に私立になります。狭域通信制では高校の設置されている都道府県に住んでいることが条件で、例外は隣接する都道府県1つで、両県の教育委員会が互いに協定を結んでいれば出願し、入学することができます。

奨：公立高校の通信制課程だと、その県に住んでいる人しか入学できないことが多いわけですね。

田中：そうですね。一方で、広域通信制は三つ以上の都道府県から出願、入学が可能です。47都道府県全てから出願可能な広域通信制高校では、ＮＨＫ学園が最初（１９６３年）に開校しています。

広域通信制高校の中には部活動のさかんな学校もあり、硬式野球で甲子園大会に出場した高校もあるそうです。

田中：今日子さんは地元の公立高校の通信制課程を卒業したわけですが、高校の設置場所と同じ県内に住んでいたので、特に狭域通信制ということを意識することはなかったでしょう。

奨：この高校は狭域通信制ですから、住所が隣県の僕のような場合は入学できないんですか。

田中：基本的にはそうなりますが、教育委員会間で隣接県協定が結ばれていたり、志願者の勤務先が高校と同県内にある等、いくつか入学できる条件はありますね。スクーリングへの出席が可能であれば、広域通信制も候補になりますし、隣県にも県立高校の通信制課程がありますから、どこが自分にとって一番無理なく仕事と両立できるか検討してみたらどうですか。

奨：職場に近い定時制高校も含めて、通信制課程の高校のことも資料をもらって調べてみます。今の会社で仕事を続けながら通いたいので、それが可能かどうかよく調べてみます。

徐々に具体的な進路が見えてきたような気がする奨君でした。

（3）通信制課程のレポートとスクーリング

通信制課程の学習方法は他の課程と異なっています。文部科学省の高等学校学習指導要領に定められた内容に則して独特の学習スタイルがあります。全日制や定時制課程の高校と通信制課程では単位修得や履修の仕組み、単位認定の仕方が違います。通信制課程では、1単位を修得するために、教科・科目毎に決められた回数の面接指導に出席し、レポート（添削指導）を提出して合格する必要があります。そして、定期試験で合格点を上回る結果であれば、単位の修得が認められるわけです。もちろん、教科・科目によっては実技、成果物、課題提出等を総合して評価が決められます。

高等学校学習指導要領には「通信制における特例の表」があります（次頁参照）。この表の数字は「1単位」分ですので、たとえば、「数学Ⅰ」が教育課程で3単位となっている学校の場合、この単位を修得するためには、レポートを9回提出し、面接指導に3回以上出席して、添削指導の結果合格する必要があります。これを全日制課程・定時制課程で3分の2以上授業に出席するという「履修」の具体的な形だと考えてください。そのうえで定期試験を受けて合格点以上となれば、3単位「修得」したことになります。

実技・実習が重視される教科・科目では面接指導の回数が多く求められます。理科の「科学と人間生活」を例に

高等学校学習指導要領　通信制における特例の表（第１章総則第２款５）

（１）各教科・科目の添削指導の回数及び面接指導の単位時間（１単位時間は、50分として計算するものとする。以下同じ）数の標準は、１単位につき次の表のとおりとする。

各教科・科目	添削指導（回）	面接指導（単位時間）
国語、地理歴史、公民及び数学に属する科目	3	1
理科に属する科目	3	4
保健体育に属する科目のうち「体育」	1	5
保健体育に属する科目のうち「保健」	3	1
芸術及び外国語に属する科目	3	4
家庭及び情報に属する科目並びに専門教科・科目	各教科・科目の必要に応じて２～３	各教科・科目の必要に応じて２～８

（２）学校設定教科に関する科目のうち専門教科・科目以外のものの添削指導の回数及び面接指導の単位時間数については、１単位につき、それぞれ１回以上及び１単位時間以上を確保した上で、各学校が適切に定めるものとする。

（出典：https://www.mext.go.jp/content/1407073_01_1_2.pdf#119）

しますと、教育課程で2単位となっている通信制課程では、レポートを6回提出し、面接指導に8回以上出席して、添削指導に合格し定期試験で合格点以上となる必要があります。通信制課程では、レポートの提出期限が定められています。厳しく期限を守るよう指導をされますので、余裕をもって提出しましょう。

通信制課程で学習する内容は、他の課程と同じく文部科学省の学習指導要領に従って、各高校でそれぞれ教育課程として設定します。

（4）選択肢はいっぱいある

学校教育法では小学校6年、中学校3年の9年間を義務教育と定めています。2016年4月1日に改正施行された学校教育法では、小学校課程から中学校課程まで義務教育を一貫して行う小中一貫校として、義務教育学校も新設されました。2019年度の時点で義務教育学校は全国に94校（国立3校・公立91校）あります。9年間の義務教育終了後、多くの人が高校へ進学しているのが現状です。

そのため中学3年生にとって、どこの高校に進学するのかを決めることは大きな課題になります。しかし、よく考えて志望校を決めても、自分の向き不向き（適性）は進学してみて初めてわかることもあります。人間関係の悩みや、高校生活の途中で考え方が変わり、別の道を探すこともあるかもしれません。選択肢はたくさんあります。全日制や定時制、通信制課程の他の高校への転学という方法や、仮に退学していても編入学という方法で学びを続けることができるのです。多くの学校で門戸は開かれていますが、その受け入れについては、年度末に成績が確定して進級が決まる時期など、一定の期間に行うことがほとんどです。転学の場合に単位を引き継ぐことができるよう、成績が確定した後に受け入れているというわけです。転学、編入学の場合、同一の課程や学科間でしか認められない場合もあるので注意しましょう。

保護者とよく話し合ったうえで転学を希望する場合は、学級担任の先生に相談し、教務主任の先生を通じて受け入れ側の高校と連絡をとりあいます。在学証明書や成績証明書、転学照会状等必要な書類を準備します。いったん退学した人が編入学を希望する場合は、受け入れ側の高校で必要な書類を受け取り、以前に在籍していた高校で成績や修得単位に関する証明等、必要書類を準備して、転学・編入学ともに指定された日に学力検査や面接を受けることが一般的です。学校によっては書類だけで合否決定する場合もあります。

このように、一言で「高校」と言っても選択肢はたくさんあります。自分にあった選択肢を探してみるのもいいのではないでしょうか。

Q：高校進学にさまざまな選択肢があることをどう思いますか。

A：

Q：もし自分がこれから高校で学ぶとしたら、どんな選択肢をとりますか。それはなぜですか。

A：

注

(1) 看護助手の仕事は医療行為ではなく、病院内で患者さんが入浴のできない時に清拭といって清潔を保持するために体を拭く介助や、身の周りの世話、看護師等の補助業務を行うことが中心です。看護師が不足している現在、病院内の貴重なスタッフとして、入院患者の身辺の世話を中心に、看護師等が患者ケアをしやすいようにサポートしています。

（2）ケアマネージャーは、介護保険制度の中でも、重要な役割を持つ職種です。専門職として、要支援または要介護と認定された人が、適切な介護サービスを受けられるようにするため、介護サービス計画（ケアプラン）を作成します。介護を要する方の状況や、家族がどんなことに困っているのかを理解し、計画を立て、必要なサービスを受けられるように、サービス事業者へ手配するのが、ケアマネージャーの仕事です。ケアマネージャーの資格は、介護福祉士の資格を持つ場合、5年以上、９００日の実務経験があって受験できることになります。試験は、「改訂介護支援専門員基本テキスト」の内容から出題されます。充分な勉強をしてから受験することが必要です。

参考文献・資料

文部科学省ホームページ「学校基本調査—令和元年度（速報）結果の概要—」〈http://www.mext.go.jp/b_menu/toukei/chousa01/kihon/kekka/k_detail/1419591.htm〉（２０１９年12月25日参照）

文部科学省ホームページ「高等学校学習指導要領　文部科学省（平成21年告示）」〈http://www.mext.go.jp/a_menu/shotou/new-cs/youryou/kou/kou.pdf〉（２０１９年12月25日参照）

文部科学省ホームページ「高等学校学習指導要領解説（平成30年告示）」〈http://www.mext.go.jp/a_menu/shotou/new-cs/1407074.htm〉（２０１９年12月25日参照）

第4章

いろいろな学びの形——生涯学習／キャリア教育

竹村修文・名嶋義直

奨君は高校を中退し、今は建設会社で働いています。自分と同じように高校を中退して何年も経ってから通信制課程で高校を卒業したお母さんの経験を聞いて、自分も勤労学生として仕事を続けながら学ぶことが可能な、高校の定時制課程や通信制課程のことを知りたいと思うようになりました。奨君はもう一度高校に入れるかどうか、お母さんの卒業した高校の教務主任である田中先生を訪ねて話を聞いています。話題は「生涯学習」のようです。

Q：「生涯学習」という言葉について知っていることをあげてみましょう。
A：

Q：「キャリア教育」が学校で始まったのはなぜだと思いますか。
A：

1　生涯学習の時代

(1) 生涯学習って?

高校や大学を卒業してからも学びを続ける、生涯学習について考えてみましょう。義務教育、高等学校といった段階では、学ぶべき内容が「学習指導要領」によって定められ、文部科学省の検定に合格した教科書を使用することが義務となっています。しかし、大学や大学院では、学生が主体的に研究する主題を見つけ、研究の成果を通じて社会へ貢献することを目的にしています。

田中：奨君、野球は好きかい。

奨：サッカーは好きですけど、野球は時々テレビの中継を見るくらいですね。

田中：巨人で活躍した後、大リーグに挑戦した桑田真澄さんは、2007年に大リーグのピッツバーグ・パイレーツで現役を引退して、その後は野球解説者として仕事をしながら、早稲田大学大学院のスポーツ科学研究科修士課程で修士（スポーツ科学）の学位を取得しているんだ。

奨：サッカー選手にもそういう人はいるんですか。

田中：君の好きなサッカーでは、元日本代表だった中田浩二さんが鹿島アントラーズを引退後、クラブスタッフとして運営をサポートする仕事をしながら、筑波大学大学院で社会工学を勉強しているよ。他にも何人かいるね。

奨：大学を出ていなくても大学院で勉強できるんですね。

田中：大学院によっては、社会人入試制度として、入学のために必要なさまざまな条件を定めているからね。長く職業人として積み上げてきた実績を踏まえて、大学院で何を学び将来社会に貢献しようとしているのか、大学院の側も期待しているんだよ。

奨：しっかり仕事をしてきたことが評価してもらえるんですね。

田中：そういうことだね。桑田さんの修士論文テーマは【『野球道』の再定義による日本野球界のさらなる発展策に関する研究】というものだったそうだよ。

日本では社会人になった後、一旦仕事を辞めて高等教育機関で学び直してから、キャリアを再開させる人が他の先進国に比べると少ないと言われてきました。海外ではリカレント教育（経済協力開発機構：OECDが提唱）といい、社会人となっても必要に応じて再教育の機会を得ることができます。日本ではそのための環境が十分とはいえませんが、２００６年12月に可決した改正教育基本法で、生涯学習社会の実現に努めることが規定されました。都市圏では社会人を対象に夜間の大学院が設置されたり、放送大学は全国どこからでも衛星放送やインターネットを利用して受講することができます。

(2) キャリア教育の広がり

田中：生涯学習と関連するんだけど、キャリア教育って聞いたことがあるかな？

奨：中学校の時に、職場体験というのがあって、５日間、近くのスーパーにお世話になりました。これってキャリア教育なんですか。

田中：「キャリア教育」という教科があるわけでも、教科書があるわけでもないからわかりにくいよね。職場体験は中学校におけるキャリア教育の中心だね。職場を訪れ、実際に業務を体験することで、仕事とはどういうものか、ということを身をもって知ることができる。キャリア教育自体は平成に入ってしばらくしてから、さかんに使われるようになった言葉なんだ。だから学校でのキャリア教育はまだ20年とちょっとくらいだよ。

1999年、中央教育審議会答申でキャリア教育が推進されるようになった背景には、当時ニート、フリーターという言葉が一種の社会現象として広く使われていたことがありました。新卒の高校生や大学生が正社員として働ける求人があっても正社員よりも気楽なフリーターの方がいい、という考え方が広がっていました。そういった問題に対して、キャリア教育によって若者への就職支援をしていこうという目的でスタートしました。

といってもすぐに積極的な取り組みが広がったわけではなく、小学校では職業に関する教育はまだ早いと考えられ、中学校では多くの生徒が高校に進学するのだから、高校でするべきだという考えがありました。一方、高校では進路指導の重点は進学と考えられ、良い大学に進学することができれば良い就職につながると考える高校もあり、キャリア教育に積極的な学校ばかりではありませんでした。文部科学省が主導して、2005年11月30日に「キャリア・スタート・ウィーク推進連絡会議」というのが開かれ、子どもたちの勤労観、職業観を育てるために、中学校で5日間以上の職場体験を行う学習活動が勧められ、予算も配分されました。

奨：僕が中学時代に職場体験したのもそういうわけなんだ。学年全員が、何か所かに分かれて行きましたからね。

田中：キャリア教育としては一歩前進したとも言えるけど、中学校で職場体験さえしておけばいいんじゃないかという誤解も同時に生まれてしまった。

奨：僕も職場体験が終われば、それでいいのかと思ってました。

田中：最近になってキャリア教育に求められているものはもう一歩進んできたんだよ。

田中先生は職員室の棚に閉じてあったファイルから資料を取り出して見せました。

田中：これは2011年1月31日に出された答申だよ。答申っていうのは、文部科学大臣が中央教育審議会に諮問した件についての返答で、教育に関係する「お役所」向けのものだけれど、この中には、高校生にもぜひ知ってほしいところがあってね、こう書いているんだよ。ここを読んでみてくれるかな。

「今後の学校におけるキャリア教育・職業教育の在り方について（答申）」

第1章　キャリア教育・職業教育の課題と基本的方向性

第1章においては、「キャリア教育」「職業教育」とは何か、を明らかにし、現在見受けられる課題を踏まえた上で、その基本的方向性や視点をまとめた。

「キャリア教育」とは、「一人一人の社会的・職業的自立に向け、必要な基盤となる能力や態度を育てることを通して、キャリア発達を促す教育」である。キャリア教育は、特定の活動や指導方法に限定されるものではなく、様々な教育活動を通して実践されるものであり、一人一人の発達や社会人・職業人としての自立を促す視点から、学校教育を構成していくための理念と方向性を示すものである。

〔中略〕

1．キャリア教育・職業教育の内容と課題

（1）「キャリア教育」の内容と課題

○　人は、他者や社会とのかかわりの中で、職業人、家庭人、地域社会の一員等、様々な役割を担いながら生きている。これらの役割は、生涯という時間的な流れの中で変化しつつ積み重なり、つながっていくものである。また、このような役割の中には、所属する集団や組織から与えられたものや日常生活の中で特に意識せず習慣的に行っているものもあるが、人はこれらを含めた様々な役割の関係や価値を自ら判断し、取捨選択や創造を重ねながら

取り組んでいる。(以上抜粋)

(3) キャリア教育の本当の意味

田中:どうだろう、ちょっと言葉や表現が難しいかな。

奨:難しいけど、何となくわかるのは、キャリア教育ってただ単に働いて親から自立することだけじゃないってことですかね。

田中:冒頭の「人は、他者や社会とのかかわりの中で、職業人、家庭人、地域社会の一員等、様々な役割を担いながら生きている」というところは実にわかりやすい表現だと思わないかい。高校や大学を卒業して就職しても、ただ単に会社員、職業人としてだけで生きているわけではないからね。

奨:う~ん、僕はまだ仕事と自分のことだけで精一杯かなぁ。

田中:あと10年くらいたてば、いずれ結婚して家庭を持つかもしれないよ。夫や親としての役割や、地域社会の中でもその一員として果たすべき役割が出てくるよ。

奨:キャリア教育って、自分にとって良い就職先を探すだけじゃないってことですね。

田中:社会の中でいろいろな役割を果たしながら、自分らしく生きていくこと=キャリア発達として、役割を担って社会に参画していける力をつけていこうというわけだね。

奨:そのためにこれから何をどうすればいいのか、もう何年かしないと僕にはまだ見えないような気がするな。

田中:もし奨君がもう一度高校に入学した場合に、試験に出るから勉強するというのではなくて、社会や仕事を通じて、こういう場面ではこういうことができるようにならなければならないと考えて学校の勉強をすればいい。

それから授業だけじゃなくて、学校行事で周囲の生徒と接していくことも、地域や職場の良い人間関係を作る能力につながっていくよ。そうすれば学校生活そのものが意味を持つんだ。

奨：なんか勉強することについて、そこまで深く考えてなかったかもしれません。

田中：試験に出るから重要というわけじゃなく、社会人としての基礎という意味で重要だからしっかり勉強するんだね。奨君のお母さんがこの高校でしっかり単位を修得して、それ以外にもパソコン関連の検定資格に合格したり、簿記に挑戦したりしていたのもそうかな。

奨：自分の将来とつなげて、今の勉強を考えていかないとって感じてきました。

田中：調理師学校では料理の味付けの基本「さしすせそ」を理科で勉強した【浸透圧】を使って説明して覚えているそうだし、理系や技術系の勉強内容は、職業と結びつけやすいね。でも文系の知識も重要だよ。国語の授業でしっかりと論理的な思考や表現力を身につけることで、将来職場で同僚とコミュニケーションをとりながら仕事をすすめたり、会議で発言したりするときに、自分の考えをより良く伝えることができるかもしれないよね。

奨：ホテルでアルバイトをしている僕の知り合いは、観光にやってくる外国人のお客さんが多くて、英語を勉強しておいて良かったって思ったそうです。なるほど、学校でやってることは社会とつながってるってことを知るのもキャリア教育ですか。

田中：実社会は複雑で、しかもどんどん変化し続けているから、学校での学びがそのまま使えるわけではないけど、今の学校での勉強を土台としてその上に積み重ねていくことで自分自身の未来につながると考えようか。お母さんの今日子さんが仕事しながら学校で勉強している忙しい中で、キャリアアップにつながる研修会や講習会に参加していたのもそうだよ。

奨：キャリア教育って職場体験だけじゃなくて、いろんな意味があるんですね。今はこういう風なものだと思っていても、また変わるかもしれないし。

田中：人それぞれに個性があり、適性の違いがあるから、キャリア教育の意味するところも人によって異なってくるしね。キャリア教育という教科を作るわけでもない、キャリア教育は、総合的な探究の時間や特別活動の時間だけにならずに、それぞれの教科の中でも学校行事の中でもその意味を見つけられるものだってことだね。

奨：学校行事って、何か役割を任されるとたいへんだけど、みんなに協力してもらわないと進められないし、教科の知識だけではなくて、人間関係をこういう機会に勉強するのも将来につながっているんですね。

田中：キャリアという言葉の意味や使い方はいろいろあって、自分の経験してきたこと、それに基づいて自分の人生が作られてきたこともそうだね。単に進路・職業を選ぶことではなく、自分自身の人生を選ぶこととも言えるよ。今学校で自分の未来の土台を作っていると。

奨：あれほど苦手で、できればやらずに済ませたいと思っていた学校での勉強が、深い意味があるような気がしてきましたよ。今からでもきるかな。

すでに建設会社で働いている奨君は、自分の社会経験を思い返して「学ぶことの意味」を理解しようとしていました。

2　生き方は変わってきている

(1) 人生のステージの多様化・長期化

学ぶことは自分自身の可能性を広げ、社会を理解する力を養い、将来の職業選択の幅を広げていきます。そして働くことは社会に貢献しながら自分の自立につながり、人生を自由に生きる力となります。ですから「学ぶこと」は大切です。しかし、高校や大学に入学すること自体が目的になってしまうと、入学してから後の勉強に意欲を失くしたり、無気力になってしまったりしかねません。

田中：奨君、職員室と同じ階に図書室があるから、一緒に行ってみないか。

奨：はい、ぜひ見てみたいです。

田中先生は紹介しておきたい本があり、奨君を誘ってみました。職員室を出て廊下を東の方に進むと、校舎の端に教室三つ分くらいの広いスペースをとった図書室がありました。田中先生は図書室に常駐している司書の先生にあいさつをし、入学を検討している学校見学者に学校のことを説明している旨を伝えました。静かにしなければならない図書室ですけれど、今はもう時間が夕方5時近いことと、通信制課程の面接指導（スクーリング）日ではないこと、昼間部がテスト期間中で、生徒のほとんどが昼過ぎには下校していることもあって、生徒の姿はありませんでした。田中先生は司書の先生にお願いして、図書室内での奨君との会話を許してもらいました。

田中：この本、『ライフ・シフト』といって2016年に発売されて結構話題になったんだけど知っているかな。

奨：分厚い本ですね、本屋さんで見かけたことはありましたけど、まだ読んでいないんです。でも、有名な予備校の先生が司会をしているテレビ番組で、本の内容が紹介されているのを見たことがあります。

田中：本棚に並べておいてある『ワーク・シフト』はそれより4年ほど前に発売されたもので、同じ作者、リンダ・グラットンさんによるものなんだ。

奨：こっちの本も同じくらい分厚い本ですね。僕にも読めるかな。

田中：『ライフ・シフト』は難しい表現などはほとんどなくて、わかりやすいよ。ぜひ、挑戦してほしい本なんだ。実は内容をわかりやすくマンガにしたものも発売されているんだよ。この図書室にもあるはずなんだけど、見当たらないから、誰か生徒が借りていったようだね。

奨：マンガなら僕にも読めそうな気がします。

田中：先にマンガの方を読んで大まかな内容を知って、それから『ライフ・シフト』そのものを読めば内容が頭に入りやすいと思うよ。映画を見た後で、その原作にあたる小説が読みたくなったことはありませんか。この『ライフ・シフト』もマンガが入口となって図書室で本を読んでくれる人が増えたらいいと思ってるんだけど。

奨：僕はマンガの方から読んでみたいです。

田中：今日は少しだけこの『ライフ・シフト』の内容を一緒に見ておきたいんだ。

田中先生は本棚から取り出し、奨君に表紙を見せました。表紙には【リンダ・グラットン　アンドリュー・スコット著】と書いてあります。どうやら同じロンドン・ビジネススクールの先生による共著のようです。表紙をめくって目次のページを開きました。

田中：「序章　１００年ライフ」に、この本の主題が書かれているよ。

先生は目次のところを指さしながら続けて、

田中：１００年以上生きる時代、日本は世界の中でも特に長寿化が進んでいる国だよね。国政選挙のたびに高齢者医療や年金の問題がクローズアップされて、メディアでも大きく取り上げられている。

奨：去年のことですけど、18歳になったので初めて参議院選挙の投票に行きましたよ。
田中：いいね、若い人の投票率が低いことが指摘されているから、これからも投票に行ってほしいな。
奨：僕はもう働いて税金を払っていますからね、納税者として選挙で一票入れておこうと。
田中：ところで、この本では健康的に、若々しく生きる年数が長くなることで「老い」自体の概念が大きく変わるだろうと言ってるよ。そして寿命が延びれば、親の世代より長く70代、さらには80代まで働くことが当たり前になって、老い＝引退後の生活というだけにせず、人生全体の設計を再検討しようと提案しているんだ。
奨：スポーツ選手が引退してから大学院で勉強しているのもそうですか。
田中：この本でも指摘されているように、古い考え方というか、今までは人生を、「教育→仕事→引退」という三つのステージとして考えていたんだ。
奨：高校や大学を卒業して、就職して60歳の定年まで働いて、会社を退職したらそれで引退という考え方ですか。
田中：そうだね、しかも逆方向に進むことは想定されていなかった。仕事をしてから教育（学び）とか、退職してから教育（学び）の機会を求めることは少なかったんだ。でも、これから仕事のステージが長期化することで、「マルチステージ」の人生になり、ステージの移行を数多く経験するだろうと。
奨：野球選手だった桑田さんやサッカー選手だった中田さんみたいに、いろいろな職業で働いていた人たちが中途や、定年退職してから教育で新しいこと身につけて、また就職してそれを活かすってことですか。
田中：この本の提案は、１００年時代に必要とされるのはこうあるべき、という画一的な生き方ではなくて、【何を大切に生き、何を人生の土台にしたいのか】を考えて、生涯「変身」を続ける覚悟で主体的に自分自身のキャリアデザインをすること、これからの時代をどう過ごせば、一人ひとりの個人や家族、企業、社会全体が長寿化のメリットを受けることにつながるのか考えようということではないかと私は読んで思ったんだけどね。

もうすぐ20歳になる奨君にとって100歳の自分は想像できませんが、そういう長期的な視野で自分の人生を考えていくことがこれからの時代には必要なのだということ、だから「生涯教育」というものに焦点が当てられているのだということはわかりました。

(2) 人生はマルチステージ

奨：でも先生、本当に100歳まで生きる人は少ないんじゃないですか。

田中：それについて説明したのが次の「第1章 長い生涯－長寿という贈り物」というところなんだ。

奨君は『ライフ・シフト』のページをめくり、第1章を開きました。

奨：約100年前の1914年に生まれた人が、100歳まで生きている確率はわずか1%だったって書いてありますよ。つまり100人に1人ですよね。僕の周りにもそこまで長生きした人はいないようなんですけど。母さんの働いている病院では100歳以上の人もいたようですけど。

田中：100年時代を生きるのは今の高齢者のことではなくて、将来の世代、たとえばこの本の中の数字をひろってみると、2007年生まれの50%は107歳まで生きると推測されているから、二人に一人は100歳まで生きるという予測になる。1%が50%になるのは本当に激変と言えるよね。書かれてあるように健康、栄養、医療、衛生といった多分野におけるイノベーションによって、平均寿命はさらに大きく伸びて、もっともっと長寿化のペースが速くなるかもしれないね。

奨：今までの80歳くらいが寿命と思っていたけど、100歳まで生きることを考えたものに切り替える必要があるわけですね。僕は20歳になる来年から国民年金に加入しなければいけないんですよ。長生きすると、年金の問題とか心配になるんですけど。

田中：親の世代より長く生き、長く働く時代には、働いている期間に貯金をする割合を増やすか、より高齢になるまで長く働くか、あるいはその両方を考えないとね。

奨：若い時から、どんな仕事や会社を選べば長く働けるのかなんて、最初からわからないでしょう。

田中：新しいテクノロジーが労働市場の激変につながるかもしれないということや、ロボットやＡＩに、高スキル労働者が代替される一方で、新しい雇用が生まれ、経済成長につながるという肯定的なとらえ方も著者はしている。自動車の自動運転とか、実際に販売されている車でも実現し始めていますからね。将来もっと自動運転の機能が向上すると、運転手の仕事は減るかもしれないし、その代わりに自動運転の車をまとめて遠隔操作する仕事ができるかもしれない。

奨：就職しても会社がずっとあるかどうかわからないし、会社の中で同じ仕事だけしていればいいという時代ではなくなるんですね。

田中：社会やテクノロジーの変化を正確に予測することは難しいけれど、変化に流されずにしっかりと対応しながら、自分のキャリアデザインをすることだね。

奨：どう変化しても、それに対応する土台＝基礎をしっかりということですね。

田中：これは新聞やテレビのニュースでも取り上げられたんだけど、２０１９年にあった日本を代表する自動車会社の社長の発言だよ。

先生は奨君に図書室にあったある新聞記事の切り抜きを見せました。

『雇用を続ける企業などへのインセンティブがもう少し出てこないと、なかなか終身雇用を守っていくのは難しい局面に入ってきた。』

田中：企業は世界的な競争や、社会の急激な変化に対応しなければ生き残れないから、今までの日本的な新卒生の一括採用や、終身雇用制を前提とした教育訓練は限界に来ているということでしょう。

奨：就職したときと同じ仕事がいつまでも続くかどうかわからないんでしたね。

田中：日本的な終身雇用から、「ライフ・シフト」でマルチステージと書かれているような、教育（学び）→仕事→教育（学び）→仕事というステージの移行が何度かあることを前提にキャリアデザインをしていくことが必要な時代が来そうだね。

奨：えっ、マルチステージですか、聞いたことないですね。

田中：人生100年時代には、人生のステージが流動的になると。親世代では「教育（高校や大学）→仕事（60歳）→引退」というふうにステージは固定化されていて、教育のステージは高校や大学を卒業すれば終わりと考えることが多かったけど。

奨：学校卒業したらもう勉強したくないと思ってましたけど。親世代より長生きして、長く働く…。仕事の期間も長くなるから、新しい知識が必要な時に教育を受けて、新しい仕事のステージに移るというわけですね。

人生のステージが多様化することによって、さまざまなステージで新たな「学び」や別の「仕事」が生まれてくるということを教えてもらった奨君は、これからもう一度高校で学びなおすことも「新しいステージでの学び」なのだと思い、わくわくした気持ちになりました。

3　マルチステージを生きるために

(1) 多様なステージの選択肢

田中：「第6章　新しいステージ－選択肢の多様化」のところを開いてみようか。

田中先生は本のページを進め、持ってきた資料を並べて見せました。

田中：この資料は特別活動の時間に『ライフ・シフト』を紹介する機会があって、その時に生徒向けに元サッカー選手の例を付け加えたりして作ったものなんだ。

> **プリント1**
>
> 『ライフ・シフト』ではマルチステージの人生の仕事ステージで3種類の新しい働き方をあげています。
>
> **①エクスプローラー**
>
> 自分探しの期間ともいえます。新しいことに挑戦したり、新しい人に会ったり、経験を積み多様な価値観にふれ、自分自身を振り返る期間です。何を探求するかは人により異なり、自分にとって重要なものは何か、自分とは何か等を探求し、そして新しい仕事に挑戦をするステージです。
>
> 日本代表のサッカー選手であった中田英寿さんは、イタリア・セリエAやイングランド・プレミアリーグのチー

ムで活躍した後、ドイツでのワールドカップを最後にサッカー選手を29歳で引退しました。その後すぐに世界を放浪する旅に出て、3年かけて90か国以上、150都市以上を訪れ、各地の文化を体験したそうです。その旅を通じて、日本人でありながら日本文化を知らない自分を知り、2009年からは沖縄県を出発し47都道府県を巡る旅をしたそうです。単なる観光ではなく、生活文化を体験しながら日本文化を再発見し、現在仕事の一つとして海外のイベントで日本酒や焼酎を紹介しているそうです。

②インディペンデント・プロデューサー

会社のような組織ではなく、個人事業主として小さなビジネスをスタートし、ビジネス上の経験を深めるステージです。規模を小さくしておくことで、事業に失敗した場合のダメージを小さくできます。成功する事よりも、ビジネス活動自体を目的とし、組織に雇われずに独立した立場で生産的な活動に携わる事に意味を見出すのです。

③ポートフォリオ・ワーカー

仕事+副業のように、異なる種類の仕事や活動に同時並行的に関わるステージです。既にスキルや人的ネットワークの土台を築いている人たちに向いた働き方でもあります。うまく移行するにはフルタイムの職についているうちに小規模なプロジェクトや副業などで経験を積み、幅広く使える汎用的なスキルや多様なネットワークをもつことです。芸能界で活躍しながら、デザイナーとしてアパレル関係の起業をしたり、土産物や飲食店の経営を手掛けたり、トレーニングジムの経営をする人もいます。

田中：スポーツ選手の例だけでなくて、もっと身近な例も紹介できるよ。この高校を退職した元校長先生のことだけどね。森田先生というお名前で、10年少しくらい前に退職されたんだけど、何度か学び直しの機会を生かして仕事のステージを変えているんだ。

田中：森田先生は若い頃に東海地方の大学を卒業した後、就職したんだけど、3年くらいで退職してアメリカの大学院へ留学し、ＭＢＡ（経営学修士）の資格を得ている。そして、アメリカのコンピューター産業の草創期に世界的なパソコンメーカーでビジネスマンとして活躍されていたそうだよ。
奨：アメリカの、なんていう会社ですか。
田中：HP（ヒューレット・パッカード）だよ。聞いたことあるかな。
奨：プリンターやパソコン製造しているところですね。職場の事務所にもその会社のプリンターがあります。
田中：良く知っているね。そこで数年働いて、それから故郷に戻り英語の先生として教壇に立ち、教員人生の最後はこの高校の校長先生として退職されたんだよ。
奨：仕事のステージが3回変わっているわけですね。
田中：まだ続きがあって、校長として退職後は隣県にある国立教育大学の大学院で臨床心理学を専攻して、今は臨床心理士としてこの高校の近くにある【若者サポートステーション】(1)で高校を中退した人、就職について悩んでいる若者やその家族をサポートする仕事をしているんだ。４つ目の仕事のステージということだね。もう70歳を過ぎているんだけど、とても元気そうにみえるよ。

本の中の話や有名スポーツ選手の話だけではなく、まだ会ったことはないけれどこの高校の校長先生だった人が、いままさに人生のマルチステージを生きているという話を聞いて、奨君は今自分が生きている時代がそういう時代なのだとますます実感しました。

(2) 形のない資産

田中：これも特別活動の授業にあわせて作った資料の裏面だけど、見てくれるかな。『ライフ・シフト』では、マルチステージの人生をより豊かなものにするために、三つの無形資産を重要としているよ。無形資産は、お金に置き換えられないものとか、お金で買えないものと考えてもらえばいいかな。

プリント2
【三つの無形資産】
①生産性資産
長年かけて培ってきたスキルや知識のことで、生産性や所得、キャリアの見通しを向上させるのに役立つ資産のことです。
②活力資産
人に幸福感をもたらし、やる気をかき立てる資産を指します。具体的には、肉体的・精神的健康や、友人や家族との良好な関係などのことです。
③変身資産
人生の途中で変化と新しいステージへの移行を成功させる意志と能力のことです。移行につきものの不確実性への対処能力を促す要素でもあります。
有形資産だけではなく、無形資産にも関心を持ってバランスをとり「100歳まで幸せに暮らせる能力」を自ら育んでいきましょう。

田中：生産性資本は、仕事に必要なスキルや知識だけど、経済的な価値を生み出せるものでなければならないし、できれば希少性があって、他人からまねされないようなものがいいね。

奨：それに機械やロボット、ＡＩ（人工知能）にはできない部分が人間の強みですか。

田中：そう、イノベーションを生む力や創造性、意思決定やチームのモチベーション向上といった人間ならではのスキルと共感能力、そして思考の柔軟性や敏捷性といった広くいろいろな方面に応用可能な汎用スキルを育むことだね。

奨：仕事仲間というか、職場の同僚も生産性資産と考えていいですか。

田中：信頼しあえる職業上のネットワークは、大いに役立つよ。時にはコーチや支援者となってくれたり、必要な人脈を紹介したりしてくれる。こうした存在を、著者のグラットンは「ポッセ」と呼んでいるよ。

奨：人間関係も仕事に関わってくるんですね。

田中：インターネット上のSNSが盛んに利用されている時代では、いい評判も悪い評判もすぐに拡散してしまいますからね。評判がいいと仕事に大いにプラスになることもあるし、悪いとその逆になってしまうから。

奨：活力資産はなんといっても「健康」ですね、家族や友達も大切、これはわかります。

田中：心身ともに健康であること、家族や友人との間に良い関係が持てている人は、高齢者になっても前向きで、【活力】にあふれているように見えるからね。

奨：三つ目に社会や技術が変化しても対応できる変身資産が重要になるんですね。

田中：そう、『ライフ・シフト』では変身資産はまず、【自分について良く知っていること＝アイデンティティ】、そして【多様性に富んだ人的ネットワークを持っていること】、【新しい経験に対して開かれた姿勢を持っていること】をあげています。

奨：母を通して田中先生を訪問して、こうやってお話を聞かせてもらうことができたのも人的ネットワークがありそれを活用できたからですよね。

田中：そうだね。奨君、これから100歳まで、長い人生は楽しいことも、急に難しい対応を迫られるような苦しいこともどちらもたくさんあるでしょう。自分も周囲の人たちも幸せに暮らせる、そういう人生が実現する。これからそのための土台をしっかり作ってください。

奨：話を聞かせてくれてありがとうございました。もう一度高校に入学するにはどうすればいいのかを聞くだけのつもりでしたけど、来年は20歳になりますから、もう少し時間をかけて、これからの自分と家族や職場のことも考えて、そして今できることが何なのか考えることが必要だなと思っています。

奨君は、田中先生から『ライフ・シフト』の話を聞いて、19年という自分の今までの人生は100年人生の中のステージのごく一部であり、これから先にまだまだ幾つものステージが待っていること、そしてそれらのステージはこれから自分でデザインしていくものなのだということがわかりました。

4　さあ、新しいステージへ

本当のことを言うと、高校を途中で退学した奨君は心のどこかにひっかかっているものがあったかもしれません。同じような気持ちを、やはり目標が見出せなくて高校を退学したお母さんの今日子さんも抱いていたかもしれません。しかしお母さんは自分で自分の新しい学びのステージをデザインし、キャリアアップしていきました。そしてそのお母さんのおかげで、奨君は田中先生と会っていろんなことを教えてもらうことができました。

奨：自分は今「エクスプローラー」的なステージにいるのかもしれない。そして今までの人生経験は自分の「無形の資産」なんだ。

そう思うと、心のどこかにあったわだかまりのようなものは消えていき、奨君は自分のこれまでの人生を肯定し、それを活用しながら、今まで以上に自信を持って未来に向かって歩いていくことができそうに思いました。

その後、奨君は20歳になる年に職場から通学できるところにある工業高校の定時制課程に入学し、卒業をめざしています。ただ単に卒業するだけではなく、仕事のスキルアップにつながる基礎製図検定にも挑戦してみようと目標を立てて勉強しています。

同じ教室の中で過ごす生徒のみなさんも、将来は会社員、スポーツ選手や会社経営者になる人、調理師、美容師、医師、弁護士といった資格をとって働く人など、多様な働き方に分かれていくことでしょう。「進路」とか「キャリア」とかに「正しい」ものなどなく、きっと人の数だけ異なる「進路」や「キャリア」があるのでしょう。

この章を最後まで読んでくれた皆さん！

学ぶこと、働くことは生きることとどのようにつながっていくのか、自分の夢、希望、理想とその実現のためにクリアすべき課題は何なのか。クラスの友達や家族などと話し合って、意見交換をしてみましょう。それも自分の持つ「無形の資産」を活用して、自分の人生のステージを自分でデザインすることなのです。

Q：あなたは自分の人生をどのようにデザインしていますか。いくつかのステージに分けて考えてみましょう。それぞれのステージで「どのように生きたい」ですか。

A：

Q：そのように「自分らしく生きる」ためにどんな課題がありますか。特にその中で今のうちに取り組んでおく必要があるものは何ですか。すでに実際に取り組んでいることがありますか。

A：

Q：取り組もうと思っているけど取り組めていないことがありますか。その原因や理由はなんですか。どのようにしたらその原因や理由を取り除いて課題に取り組むことができますか。

A：

注

（1）若者サポートステーションは、働くことに悩みを抱えている15歳～39歳までの若者が、身近に相談できる機関として利用しやすいよう、全ての都道府県に必ず設置されています（全国に１７７か所ある）。

参考文献・資料

文部科学省ホームページ「今後の学校におけるキャリア教育・職業教育の在り方について（答申）」〈https://www.mext.go.jp/component/b_menu/shingi/toushin/__icsFiles/afieldfile/2011/02/01/1301878_1_1.pdf〉（２０１９年12月25日参照）

リンダ・グラットン／アンドリュー・スコット（池村千秋訳）（2016）『LIFE SHIFT（ライフ・シフト）―１００年時代の人生戦略』東洋経済新報社

第5章 仕事って?

後藤玲子

1 はじめに

Q：働くことは何のためだと思いますか。なぜそう思いますか。
A：

(1) 働くことは何のため?

働くことは何のため？　学生たちに、そう尋ねると、お金を稼いで生活するため！　という答えが即座に返ってきます。働いてお金を稼ぐことは、自立して生きていくためにも、家族を養うためにも、不可欠だから、と。少し間をおいて、自分の個性を生かすため、社会の役に立つため、といった答えがつづきます。

いずれにしても、学生たちは、働くことは世の中に出ることで、学校を終えたら、自分も世の中に出ないといけないと、大変まじめに、いささか脅迫的に、考えているようです。でも、だからこそ、働くことをためらう学生も少なくないのでしょう。出て行く先の世の中があまり、居心地よいものに見えない、そんな世の中をつくる側に加担して働くのはいやだ、というのがその理由です。

(2) 現代の労働問題

確かにいま、世間では労働をめぐる問題は山積みされています。特に、職種間や労働形態の違い（正規か非正規か、職務の違いなど）における賃金率格差は大きな問題です。多く、それらは、「労働能力に応じた違い」として正当化されていますが、異なる職種間で労働能力を比べることなど、ほんとうは不可能ですから、たとえば、会社役員と介護ヘルパーと大工と歌手の労働能力は比較しようがありませんから、労働能力の違いで格差を正当化するのは無理でしょう。

賃金率の格差は、「需要に応じた違い」として正当化されることもあります。労働で産み出されたサービスや財を、世の中の人々がどれだけ需要するかに応じて差をつける方法です。確かに、ヒット商品を出した会社の役員は売れない歌手より賃金率がより高くなってもよさそうです。でも、人々はいつも自分の欲しいものがわかっているわけではありません。その歌手がいなくなってから初めていい歌だったと気づくかもしれません。となると、これもむずかしいですね。

しょうがないから、ふつう経済学では、教育投資（教育年数や教育費）や、職務の責任の違いなどを「代理変数」として、賃金率格差を正当化します。低い賃金率だと教育投資を受けた有能な役員の成り手がなくなるだろうとか、高い賃金率だと介護ヘルパーに人が殺到してしまって、雇われずに困る人が出てくるだろうとか、職務の責任がより重ければ、より高い賃金を得るのはあたりまえだろうとか、世間での常識的な言説が、それを補強します。

これらの議論は、そもそも教育投資（教育年数や教育費）において大きな格差があること、あるいは、昇進機会において見えない格差があることなどの問題を不問にするおそれがあります。また、どの程度の格差であれば「あたりまえ」といえるのか、といった議論を不問にするおそれもあります。

（3）典型例——低賃金率のからくり

これらの問題は大変重要で、いますぐ取り組む必要があるのですが、むずかしさもはらんでいます。少し例を出しましょう。いま、介護職の介護報酬（公定賃金率）が3割上げられたとします。ワーカーたちの生活が安定し、自己研修機会も増えることにより、サービスの質が高まるかもしれませんね。

そうすると、利用者の福祉（well-being）が向上しますから、家族も安心してあずけつづけて、働きにいくことができるようになります。すると、家計の所得が上がりますから、自己負担料が多少上がっても利用数は減らないどころか、増える可能性があります。

加えて、賃金率の高さは、介護職の専門性を表す指標となって、世間一般の評価を押し上げるかもしれません。それは潜在的な利用者の数の増加と、さらなる賃金の上昇につながります。

以上は、よきシナリオです。それに対して、次のわるいシナリオもありえます。家族や利用者自身が、利用者の福祉の向上よりも、自己負担料の増加を憂慮して、介護職の賃金率の上昇に反対するかもしれません。また、現場の介護事業所は、所内の他職種との公平性を盾にして、介護職の実質的な賃金率をすえおこうとする、あるいは、経営難を理由に介護職の求人数を減らそうとするかもしれません。

さらに、介護職の専門性に対する世間一般の評価もなかなか改善せず、潜在的な利用者数の増加に結びつかないかもしれません。加えて、特定の職の賃金率の上昇は、他の職種の人々の羨望や不公平感を招くおそれもあります。

（4）合理的な経済行動

どうしてそんな事態が起こるのかと憤る人もいるでしょうが、一つ目のシナリオも二つ目のシナリオも、事業者や利用者、ワーカー、そして世間一般の人々が、いまある世の中のしくみを所与として、その変化に「合理的に」反応しているだけのことなのです。

なるべく質の良いものを、なるべく安い値段で手に入れようと、しているだけのことなのです。ただ、そのなかに、行き過ぎた経済行動がまぎれこむことも事実です。本当は人手が欲しいんだけれど、欲しくないふりをして、お金に困ってすぐにでも働きたいという人を、劣悪な賃金で雇用したり、売りたがっている人の足元を見て、法外な値段で買いたたいたり。

働くことまでが、もっぱら経済的な駆け引きの道具とされるとしたら、個性を伸ばすためとか、社会の役に立つためとかいった目的はどんどん後ろに退いて、生活のために仕方なく、という理由が前面におどり出てもおかしくありません。

このままでは、より賃金の高い会社に就職するための生存戦略をとろうという人たちと、企業社会からいっさい身を引こうとする人たちと、真っ二つに分かれてしまう可能性があります。どちらのタイプにしても働くことの意味が、生きることの意味から離れて行ってしまうおそれがあります。

それでは寂しすぎると思いませんか。せっかく会社で働くのであれば、会社での仕事が彼自身の生きる意味と結びついていてほしい、せっかく企業から身を引いて自分の生きる意味を模索したのであれば、これまでにはない、彼女自身の働き方を見つけてほしい。こう願わずにはいられません。

生きることと働くことが、矛盾しないためにはどうしたらよいのでしょうか。

(5) 生きることと働くこと

以上のような関心から、本章は、「ワーク・ライフ・バランス」という言葉に注目します。意識しようとしまいと、働くということは、生きるということもそうですが、他の人たちとの間に、経済的な関係だけではなく、倫理的な関係をも結びます。そのことに自覚的であることは、自分の生を支えるうえでも、よりよい社会をつくるうえでも、とても重要となってきます。

人の行為は、ずっと遠く離れたところにいる人とも、ひと続きの地面と、重なり合う時間でつながっています。人の知と力は、広く他の人を照らし、広く他の人から照らし返されながら、変化を遂げていきます。生きることと働くことを結びつける視点は、人が経済的でありながら、同時に、倫理的でありつづけることを可能とするでしょう。

繰り返すと、仕事をめぐる事態は深刻で急を要します。でも、だからこそ、ここはじっくり、働くことの意味を掘り下げましょう。働くことの意味を掘り下げることは、生きる基盤を確かめること、人と社会のあり方を見直すことになります。一見、遠回りのように見えますが、結局のところ、それが現代、私たちが直面している緊急の事態を改善する、もっとも手っ取り早い、しかも確かな方法であると思います。

2　規範としてのワーク・ライフ・バランス

Q：ワーク・ライフ・バランスということばを聞いたことがありますか。ワーク・ライフ・バランスってどんなことだと思いますか。

A：

（1）仕事と生活の調和（ワーク・ライフ・バランス）憲章

近年、ワーク・ライフ・バランスという言葉を耳にすることが増えました。日本では、２００７年に内閣府が「仕事と生活の調和（ワーク・ライフ・バランス）憲章」を発表して話題になりました。その要点は次のようにまとめられます。

「仕事は、暮らしを支え、生きがいや喜びをもたらす。同時に、家事・育児、近隣との付き合いなどの生活も暮らしには欠かすことはできないものであり、その充実があってこそ、人生の生きがい、喜びは倍増する」。そうであるにもかかわらず、「仕事と生活が両立しにくい現実」がある。たとえば、「女性に家事・育児・介護が集中する傾向」、「男性の労働時間が長引く傾向」がある。

この傾向はまずいから、「家族も企業もこの現実を変えるべく努力せよ、家族は家庭内労働の負担の均等化を図り、企業は労働時間の短縮に努めよ」というわけです。

「憲章」は、法と違って、違反した場合の罰則規定をもちません。しかも、個人を直接、規定するというよりは、個人を守るために、国や社会はどんなしくみを用意したらいいのか、個人や組織はそのしくみづくりにどう協力したらよいのか、その規範的な方向性を明文化したものです。はたして、ここで考えられている規範とはどんな性質をもつものか。本章で検討したいのはこの点です。

夫であれ、妻であれ、賃金率のより高い方がより長く労働市場で働き、賃金率のより低い方がより長く家庭で家事をする傾向にあります。それは「家計の合理的選択」だと説明されてきました。女性の就労機会が狭く、女性の賃金率がより低い状況が改善されないとしたら、上記の呼びかけは空しく響きます。

ただし、世界的には、ワーク・ライフ・バランスの語は家庭内分業にとどまらず、広く個人の生き方の問題として、また、個人と社会のあり方を問い直す語として用いられる傾向にあります。本章も、この語を手がかりとしながら、人におけるワークとライフの関係それ自体について考えてみましょう。

(2) ワーク・ライフ・バランスの二つのメッセージ

ワーク・ライフ・バランスの語には、二つのメッセージが込められているようです。一つは、ワーク（仕事をすること）は、多すぎず、少なすぎず、ほどほどであるとよい、というメッセージです。古代ギリシャの哲学者アリストテレスは「ほどほど」を「中庸」という言葉で表しました。たとえば、無鉄砲すぎず、臆病すぎず、ほどほどであること、それこそが「勇気」だというわけです。それと同じように、働きすぎず、休みすぎず、ほどほどであるとよい、それでこそワーク、つまり、仕事をすること、そのもののよさが発揮されるというわけです。

もう一つは、複数のよいことがら、それぞれよさがあるけれど、両立しがたいことがらがあったとしたら、それらを「適度」に組み合わせるとよい、というメッセージです。ワークもライフもよさがあるけれど、人が使える総時間には限りがあるから、両者をバランスよく組み合わせるとよい、というわけです。

でも、ここで疑問がわきます。「ほどほど」であるかどうか、あるいは、「適度」であるかどうかの判断は、個人のもついろいろな特性によって、あるいは、個人がどんな生き方をしたいのかによって、違ってくる可能性があります。

たとえば、決められた時間割どおりに仕事をするのが苦手な人、逆に、自由に使える時間が長いと落ち着かなくなる人がいるかもしれません。あるいは、健康であることを最大の目的として、毎日、規律正しく生活したい人、納得のいく作品をつくることを最大の目的として、ときに衣食を忘れて専念したい人がいるかもしれませんね。これらは個人の自由な幸福追求権にかかわることがらで、その内容は個人の自由な判断に委ねられるはずです。

はたして、ワーク・ライフ・バランスの語をもって、共通に配慮すべき規範とは、何でしょうか。

(3) 二つの理由

結論を先取りしていえば、政府がワーク・ライフ・バランスを推進することには、二つの理由があると考えられます。一つは心理的要因です。たとえ、よいことだとわかっていても、いつもよいことを選ぶほど人の意志は強くない、本人や家族、職場だけに任せておいては、なかなかよいことを実行に移せない。そこで、政府が介入して個人の意志の弱さを補うというわけです。

もう一つは、経済的要因です。ワーク・ライフ・バランスに努めようとする人と、人より少しでも長く働こうとする人がいたら、前者が競争に負けて出世できない、あるいは、社員のワーク・ライフ・バランスに努める企業と、ひたすら長く働く人だけを雇用する企業があったら、前者が競争に負けて倒産しかねない。そこで、政府が介入して競争の過熱を抑制するというわけです。

意志の弱さと競争の過熱、どちらももっともらしい理由です。政府がワーク・ライフ・バランスを唱えるうえではそれで十分かもしれません。けれども、個人に眼を転じた場合、ワークとライフのバランスを図ること（仕事を

「ほどほど」にすること、仕事と生活を「適度」に組み合わせること）を困難とする事情、ワーク・ライフ・バランスを規範として掲げる理由が他にもありそうです。そのあたりを少しくわしく見てみましょう。

3　仕事は多すぎず、少なすぎず、ほどほどに――どうして？

(1) 君に代わる人はだれもいない

一つ目のバランス、「ほどほど」の話からいきます。仕事は多すぎず、少なすぎず、ほどほどがいい、そんな当たり前のことを、なぜ、憲章として掲げなくてはならないのでしょう。確かに、ろくに眠りもせず、ゆっくり食事もとらず、だれともしゃべらず、休息もとらないで働き続けるとしたら、たいがいの人は身体にも精神にも支障をきたしそうです。でも、ふつう、人はそれほど長く集中し続けられないから、自分で疲れたと思ったら、休みをとろうとするでしょう。お茶を飲んだり、散歩をしたり、早退したり。

でも、人気の商売でお客さんがひっきりなしにくるとしたら、ついつい12時間ぶっ通しで立ち仕事をしてしまうかもしれませんね。それが次の日、また次の日と、際限なくつづかないともかぎりません。「君に代わる人はだれもいないんだ」というささやき声が、ためらう背中をぐいっと押します。

この「君に代わる人はだれもいない」というささやき声は結構くせもので、それがのっぴきならないところまで人を追い込むことがあります。少し詳しく検討しましょう。

もともと人にとって辛いのは、自分はだれにも必要とされていない、自分はここにいなくてもいい存在なのでは、という疑念でしょう。その疑念は、自分はとるに足らない人間だという、卑小さの感覚と結びつきやすいです。この感覚がやっかいなのは、それが、本来、自分はこんなところにとどまるはずのない人間だ、という尊大さの感覚と背中合わせになっていることが多い点です。

この卑下と尊大の間をジェットコースターのように行き来すると、人は心底、疲れはててしまいます（中島敦の『山月記』の主人公のように）。卑小でも、尊大でもなく、適度な「自尊」を保つことが、いかにむずかしいことか。それをうすうす感づいているからこそ、人は、ひとたび仕事を得ると、そこから離れられなくなるのかもしれません。目の前になすべき課題があり、しかも、それが人から依頼されたことだとしたら、それらを一つ一つ片づけていくことには、まちがいなく充実感がともないますから。

(2) 社会の中の「ハコ」としての仕事

人から依頼されたときに、たまたま自分が名指しされたけれど、それをするのは何も自分でなくてもいいのだと、人はなぜ、思えないのでしょう。名指しされると、自分でなくてはその仕事はできない気持にさせられます。仕事の段取りをつけ始めると、責任感と自負心が絶好調に高まってしまうのです。

自分の代わりに他の人が来たとしたら、おそらく自分がそこにいるときとは異なる時間が流れるだけのことでしょう。自分とは違うやり方が採られ、自分とは違う結果がもたらされるかもしれませんね。

たとえそうであったとしても、つまり、やり方と結果が多少、違ったとしても、仕事本来の目的が大きく損ねられないとしたら、よいのではないでしょうか。仕事において大事なことは、その本来の目的が実現されることにあり、それがだれによって、どんなやり方で遂行されて、どんな結果がもたらされるとよいのかが、あらかじめわかっているわけではありませんので。

たとえば、私が医師で、毎日、診療に追われていたとします。患者との信頼関係もようやく築けてきたところで、勤務先が移動することになったら、ぼうぜんとするでしょう。明日、今日とは異なるどんな治療を工夫してみようか、については考えられても、明日、その患者をまったく別のだれかに任せてしまう、といった光景をなかなか思い浮かべられないからです。

でも、実のところ、仕事とは、いつか別の人に任せるべきものではないでしょうか。仕事は社会の中にあるハコの一つで、特定の個人にべったり張り付くものではありません。たまたま、自分はその仕事にめぐりあうことができた。もし、その仕事が有用ならば、明日もそれは社会の中のハコとして存続するでしょう。たとえ自分が辞めて、だれか別の人がそのハコに入ったとしても、仕事それ自体は残るでしょう。

もちろん、そのハコに入るためには、その仕事に必要な条件があります。でも、それを満たしさえすれば、ハコに入るのは「私」でなくてもいいのです。

ここで大事なことは、個人は「仕事」そのものではないということです。個人には名前があり、他とは取り換えの効かない身体や精神や心があります。いま、それを「私」と呼ぶなら、それは出入り自由なハコではありません。だれか違った人がやって来ていっとき席を替わるわけにはいきません。「私」は、ひとまとまりでたった一つの、他から区別される存在なのです。

「仕事」は個人の一部であって、全部ではありません。個人は、社会のハコに入って仕事もすれば、そこから抜けて周囲をぶらつくこともできます。個人の特性は、「仕事」で発揮されることもあれば、別の場で発揮されることもあります。個人の人格は「仕事」でつくられることもあれば、別の場でつくられることもあります。

(3) ワークとライフ――関わる人の違い

そもそも、仕事をしているときと、していないときの自分はどこか違うのか。そんな疑問がわくかもしれませんね。これはけっこうむずかしい問いです。結論から言うと、両者の間に何か決定的に違うものがあるとしたら、それは、主要に関わる人の違いです。裏返すと人との主要なかかわり方の違いです。

意外かもしれませんが、この「関わる人」の中には自分も入ります。仕事をしているときに関わる自分と、家に帰って問いかけ、応答している自分（先に「私」と呼んだもの）は、少し違うかもしれないのです。なぜかというと、仕事をしているときに関わる自分は、その役割が場面ごとに限定されているからです。

人格の語源であるペルソナには仮面の意味があります。人は社会の中で自分にふり分けられた役割を、仮面のように身につけて、周囲から期待されたようにふるまうのです。そうだとしたら、職場のさまざまな局面で関わる自分の姿は、個人の中のほんのひとかけらにすぎないのです。

たとえば、おもちゃ製作工場の社員であれば、ヒット商品の開発を依頼されるでしょう。安いコストでたくさん売る方法が職場で真剣に議論されるかもしれません。でも、仕事を終えて、家に帰るとそこには自分の家族がいたり、自分の旧友からの電話があったりする。家族や旧友たちと話しているうちに、ふと、昼間職場では話題にならなかった、新製品の人体や環境に及ぼす害悪が気になってきて、やはり安全性を優先させようと決意するかもしれませんね。

このように、話したり、関わったりする人や場面が変わると、ものの見方や考え方が大きくゆさぶられる可能性があります。このような経験は、仕事においても大変、役に立つはずです。

実のところ、そのような経験が役に立つのは、仕事においてばかりではありません。家で生活するうえで役立つこともたくさんあります。たとえば、会社で女性社員の腕のあざを見つけたとしましょう。もしかしたら、家庭内暴力ではと心配になったとたんに、以前に、家族と言い争いになり、思わず「なんておまえはばかなんだ！」と暴言をはいたときのことを悔いたりするかもしれません。

このように、仕事を多すぎず、少なすぎず、ほどほどにするという意味でのワーク・ライフ・バランスには、自分と周囲を多角度から見つめ、省察する視点を獲得するという意味があります。また、他の人と仕事の目的を共有する、信頼して他の人へ仕事を継承し、未来を託すこととも深く関連します。

Q：自分自身や周りの人の働き方（勉強の仕方を含む）を観察してみてください。生活のバランスは「ほどほど」でしょうか。「ほどほど」でない人はどんな状態でしょうか。

A：

Q：その人たちはどのようにすれば「ほどほど」のバランスの生活が送れるでしょうか。

A：

4 仕事と生活の「適度」な組み合わせ——どのように？

(1) 個人の合理性と社会

それでは、ワーク・ライフ・バランスのもう一つの意味に移りましょう。それは仕事と生活という、二つの価値あることがらを「適度」に組み合わせよ、というメッセージです。このことは、さらに、家の中での人間関係と、家の外での人間関係を「適度」に組み合わせることを意味します。なぜ、それを、規範として提唱する必要があるのでしょう。

結論的には、それは、ワーク・ライフ・バランスを、個々人がばらばらに追求して、実現することはほぼ不可能だからです。人が社会性をもつ存在である限り、個人は、仕事と生活の両方において、他の人と深く関係し合います。他の人が、それぞれの仕事を通じて、自分や家族を援けてくれていることを信じながら、自分の仕事を通じて、他の人たちを援けることができるのです。以下ではこのからくりを簡単に説明しましょう。

(2)「仕事」と関係性の広がり

働くということは、いっとき家から離れることを意味します。そして、家族との関係よりも、職場での人間関係を優先することを意味します。たとえ地震が起こっても、電車で一時間かかる職場から、おいそれと家に帰ることはできません。自営業で物理的には家族が近くにいるとしても、それが仕事中であれば、家族よりも従業員やお客さんの安全を第一に配慮する必要が出てくるでしょう。

シングルであっても話は一緒です。働くときには、家での自分自身との関係よりも、職場での人間関係が優先されます。たとえば、家で自分といるときは安全を第一としている人が、プロの消防士として人々の救出に当たる際には、自分の安全を投げ打つこともあるでしょう。おそらくは、自分が被る損害を最小限にくいとめるために、同僚が後方支援してくれることを深く信頼しながら。

なぜでしょう。なぜ、人は家を離れて職場に向かうのでしょう。生活を中断して、仕事に向かうのでしょう。ふたたび家に戻って来るまでに、重大な事故があったらどうするのでしょう。実際、この問いが重くのしかかり、なかなか仕事に行けない人がいるかもしれないですね。あるいは、逆に、朝、家を出るたびに、家族との関係をすっぱり切り捨てる覚悟をもつ人がいるかもしれないですね。

少し急いで、答えをいってしまうと、人が家を離れ、職場に向かい、異なる人との関係性を築いて仕事をする理由は、人が社会性をもった生きものだからです。自分や家族が生きていくためには、お互い、他の人たちの生み出したものやサービスを使わなくてはなりません。また、自分が生み出したものやサービスを、自分や家族以外の人たちも使えるようにしなくてはなりません。

（3）集合的合理性

私が家を離れ、仕事に専念している間は、私の代わりにだれかが、その人の仕事を通じて、私の家族に配慮してくれます。たとえば、学校、病院、施設、事務所、工場などのそれぞれの受け持ちで働くワーカーたちです。また、他の人たちが家を離れ、仕事に専念している間、代わりに私が、私の仕事を通じて、その人たちの家族に配慮しているのです。

たとえば、ある人は北海道の学校で教師として働き、その親は関西の施設で暮らすとしましょう。別の人は関西の施設で介護福祉士として働き、その子どもは北海道の学校に通うとしましょう。いま、ある日の正午に、日本全土で地震が起きたとします。このとき、北海道で働く人が関西にいる自分の親を援けに行くこと、関西で働く人が北海道にいる自分の子どもを援けに行くことは、どうみても非効率的、ムダが大きすぎます。

それぞれの人が自分の職場の受け持ちで、近くの消防署や病院や警察などで働く人と連携しながら、他の人の親や子どもを援けた方が、結果的に、どちらの親や子どもを援けることにつながるでしょう。

人が、自分の家族に向かって駆け出しそうになる気持ちをこらえて、他の人の家族を援けるためには、自分の家族もまた、他の人に援けられているはずだという信頼が必要です。自分自身の安全を投げ打って、他の人の救出に当たろうとするときも、同じです。「私」もまた、他の人に援けられているはずだという信頼が必要です。

自分が、自分の手の届くところにいる人たちを援けるのと同様に、他の人たちはその人たちの手の届くところにいる自分の家族や「私」を援ける。これはまさに相互性（互恵性）と呼ばれる関係です。この相互性への信頼を築きながら、それぞれの仕事の持ち分を通して、それぞれの生活を援け合うしくみをつくってきた、それが人間というものなのです。

（4）関係性の基盤と相互性

とはいえ、やっぱり家の中での家族や自分自身（「私」）との関係は特別だ、と思えるかもしれませんね。それはそうかもしれません。

先に言ったように、家の外での関係は、社会的な役割がまずあって、それをたまたまある人が引き受けるところから、始まります。途中で、受け持つ人が交替したとしても、社会的な役割それ自体は変わりません。新たに受け持ちとなった人が、その役割を継承することになります。役割を通じた関係も、新たな人に継承されることになります。

それに対して、家の中での関係は、特定の名前をもった人たち同士の関係ですから、別の名前をもった人との取り替えはききません。

もちろん、家族の中にも、「母」「父」「きょうだい」といった役割はあり、それを別の人が継承することはできます。たとえば、生みの母と離死別して、新たな人が「母」の役割を継承するといった場合です。この場合には家族の中の「母子」という関係（法的・社会的な）が、新たな人との関係を通じて継続されます。

その一方で、生みの母と子の名前をもった関係は（本人が不在となっても）残ります。そこに新たな母と子の名前をもった関係が重なります。

家族や自分（「私」）との名前をもった関係は特別だ、と実感している人も多いでしょう。だからこそ、家の中と外での関係をどんな風にバランスづけるかが大事になってくるのです。はたして、家の外に、どれだけ自分の時間や労力をあずけているのか、はたして、家の中に、どれだけ他の人たちの時間や労力があずけられているのか、そんなことを考えてみるのもおもしろいかもしれません。

Q：あなたは自分の周囲の人たちとどんな関係性を築いていますか。どんな互恵性関係の中にいますか。「与えられる関係／与える関係」の双方について考えてみましょう。

A：

以上、主に個人の視点から、ワーク・ライフ・バランスの語を検討してきました。それには二つのメッセージがありました。一つはワーク（仕事）それ自体をほどほどにせよ、であり、他の一つは、ワーク（仕事）とライフ（生活）を適度に組み合わせよ、でした。これら二つのメッセージは、一見、当たり前に見えて、実は、個々人がバラバラに追求することが困難なものでした。仕事をほどほどにするためには、他の人々と仕事の目的を共有し、協働する必要があり、適度に組み合わせるためには、他の人々との相互性への信頼が不可欠となります。最後に、仕事とは何かというより根本的な問題に立ち返りつつ、働くことの意味を深めたいと思います。

5　働くとはどういうことなのか

(1)「アリとキリギリス」再考

イソップ物語りに出てくる「アリとキリギリス」の話を知っていますか。夏の間中、アリはせっせと働きます。冬になっても飢えないように食物を蓄えるためです。キリギリスはお腹がすけば葉っぱをかじりますが、あとは葉っぱの下で日がな一日歌って過ごします。やがて冬が来て、あたりは一面の雪におおわれました。外に出て働くことのできなくなったアリは、夏の間に蓄えたものを食べ、あとは休んで過ごします。キリギリスは食べるものがありませんから、歌うどころか、生きることもままならなくなってアリに援けを求める。するとアリは、ここぞとばかり、こんな話でしたね。

ここで、もし、アリがキリギリスに食物をあげるとしたら、どうなるでしょう。きっとキリギリスは、アリの優しさに深く感謝しながら、また歌い始めるでしょう。アリはとろとろとまどろみながらそれを聴き、寝言でアンコール！　と言うかもしれませんね。そんな風にして穏やかに冬を過ごすうちに、夏が来て、アリはまたせっせと働き、キリギリスは日がな一日、歌って暮らしましたとさ。

(2) いろんな労働があっていい

さて、ここで考えたいことは次です。アンコール！　というアリの言葉に応じてキリギリスが歌うとしたら、歌うことは自分独りの楽しみにはとどまらず、他の人にとっても有用なこととなります。歌声を聴きつけて、他の生き物もやってきて、皆で鑑賞するとしたら、それはもう、ほとんどコンサート（仕事）だといえそうです。そうすると、アリがキリギリスに食べ物を分けたことは、贈与や慈善ではなくて、労働への支払いだったと解釈できるかもしれません。

この解釈は、アリ自身は歌に興味がないとしても成り立ち得ます。個人的には歌に興味がなくても、そのよさを認めることはできるからです。自分より洗練された音感のもとで、そのよさを認めるだれかが、いつかどこかに現れるかもしれない、その可能性を否定できないかぎり、自分がキリギリスの「労働」に対価を払い続けることに賛同するかもしれません。私的な欲求や便益から少し離れて、公共的な観点からそうするかもしれませんね。

労働を、価値あるものを産み出す行為に限るとしても、ある行為が価値をもつかどうかの判断を、十分広く、開かれたものとするならば、いまある「職業」よりもずっと多くの行為が、労働と見なされる可能性が出てきます。

たとえば、ある難病に苦しみながら、ひっそりと生きつづける人は、同様の病が発症する危険性を否定しきることのできないあらゆる人に希望を与えるでしょう。

（3）職種間格差のあれこれ

ただし、このような労働概念の拡張に対しては次の反論がありえます。よろしい。キリギリスが歌うことは、労働であることを認めるとしよう。そして、それもまた対価を受けるに値することを認めよう。だが、両者の働き方を比べたら、明らかにアリの方がより多くのコストを費やし、より多くの便益を社会にもたらしているのでは？　そうであるにもかかわらず、アリがキリギリスに支払ったら、アリは働く意欲をうしない、結局、ともだおれに終わるのではと。

この問いに対する一般的な解答は、人があまりやりたがらない、けれども必要性の高い仕事、たとえば、危険であったり、技術の習得に多くの時間を要したり、人一倍、労苦の多い仕事を引き受けてくれる人たちには、たとえ成果がみえづらいとしても、たくさん支払いたい、それによって謝意と労いの気持ちを表したいというもので、これは人の自然な心情でしょう。

けれども、「より高額な報酬を用意しないと、優秀な人材が集められない」といった言説には留意が必要です。それは、人が働く多様な動機（たとえば、いつかきっとだれかの役に立つはずだからとか、目前でいま困っている利用者を放っておけないからといった理由で）を過少評価するおそれがあるからです。その一方で、職の目的も理解しないまま、報酬目当てで集まる人材を過大評価してしまうおそれがあるからです。

むしろ、特定の人に負担が集中しないように、働く人の数を十分に確保したり、成果の見えづらい仕事（広く情報を集めたり、丁寧に記録をつけたり、じっくりと話を聴いたりなど）の価値を正しく評価するなどの工夫が必要でしょう。生活していくうえで十分な報酬を支払うこと、有給の休暇や休息時間を十分に確保することなど、働くための基本的な条件の必要性はいうまでもありませんが。

6　仕事と職業

(1)「職業」としての仕事

これまで、仕事は、社会において、たくさんの人たちとさまざまな関係をつくるものだという話を繰り返ししてきました。実は、そのような関係をつくるものは、私たちがふつう「職業」と見なしている仕事だけではありません(「職業」だけでも、2011年時点で日本には、中分類で73件、小分類では1万7千件ほどありますが)。私たちは、朝起きてから夜眠るまで、たくさんの人たちが営むさまざまな種類の仕事の恩恵を受けているのです。

たとえば、住民たちがつくる町内会活動、難病患者とその家族がつくる患者会活動、あるいは、外国人滞在者との交流を図る公民館活動など、人々がいろいろな目的で自発的に行う活動のもとで、たくさんの人たちの間にさまざまな関係が生まれます。「職業」としての仕事には、対価が発生しますが、これらの仕事には、かならずしも対価が発生しません。その人たちの仕事に賛同する人々の寄付によって運営されることが多いです。広く社会的にその意義が認められると国や自治体から税にもとづく補助がなされることもあります。

中には、「職業」としての仕事をしながら、ボランティアやNPO活動をする人もいます。また、ボランティアやNPO活動に意義を見出して、ワークとして活動に専念する人もいます。この人たちにとってのワーク・ライフ・バランスは、より広く、ライフ・ライフ・バランスと言い換えられるかもしれません。

（2）「仕事」と対価

そもそも、いったいどこからが、対価が発生する仕事となり、さらに社会的な「職業」として見なされるようになるのかは、実のところ、さほど明確ではありません。たとえば、雪の降り積もった朝、人々の転々とした足あとを辿っていくと学校に着きます。夜の明けきらない早朝に、降り積もった雪に何度も足をとられながら、踏みしめていった人たちの恩恵を、後につづく人は確かに受けています。でも、それらが「仕事」と呼ばれることはないでしょう。

キリギリスがつくった歌を、お金を払って聴こうとするアリが現れて、シンガーソングライターという職業が生まれましたね。キリギリスが自分で歌をつくって口ずさむだけなら、生まれませんでした。もし、公園でみなが空きカンを持ち帰れば、空きカンを収集する仕事は生まれません。もし、みんながきちんと自転車を並べれば、自転車整理係の仕事は生まれません。もし、だれも、けんかをしたり、人に迷惑をかけることがなければ、警察や警備員、あるいは、弁護士や裁判官の仕事は生まれません、だれも、お金を貸したり、預けたりしようとしなければ、銀行の仕事は生まれません、人がそれぞれ自分ひとりで学ぶことができるのであれば、教師の仕事も生まれないかもしれませんね。

（3）規範としてのワーク・ライフ・バランス

重要なことは、社会の中のいろいろな人々が、あってほしいと願うことがらが、「職業」の源泉となってきた、という事実です。そして、その願いに応答して注ぎ込まれた、たくさんの人の労力と、さまざまなスキルやアイディアが、「仕事」を形にしてきたという事実です。このようにつくり出された「仕事」は、人々の生活を豊かにすることに大きく貢献してきたといえるでしょう。けれども、残念ながら、「職業」には人々の生活を本当に豊かにするのか、疑わしいものが紛れていることを認めなくてはなりません。しかも、それらの多くは、人々の欲求と完全に無縁ではないので、政府が一律に規制するわけにもいかないという、実にむずかしい問題があります。

この問題を考えるうえで、ふたたび注目されるのが、ワーク・ライフ・バランスです。もし、人が、職場で考案したアイディアを、家族や「私」自身の視点と十分に照らし合わせるとしたら、生活を害するものの生産を、控えようとするのではないでしょうか。もし、人が、それぞれの仕事を通して、互いの生活を援け合っていることを深く信頼しながら、仕事と生活を適度にバランスづけようとしたら、つまり、社会に預ける時間や労力と、社会から預かる時間や労力をバランスづけるとしたら、人の命や生活を害するものの生産を、控えようとはしないでしょうか。

再度、介護労働を例にとりましょう。あなたが介護施設の経営者であるとします。机上のパソコンを前に、経費を削減するために、ワーカーの担当数を増やし、不払い労働を増やす算段をしているとします。ひとりぼっちの老人の世話に心を尽くすワーカーたちであれば、きっと何一つ文句を言わずに、黙って受け入れてくれるでしょう。そんなことをしたら、老人たちとのたわいない会話をする余裕がめっきり減るに違いないのですが。

もしここで、あなたが、自分の親や先生を含めて、自分がこれまでの人生で出会ったたくさんの老人たちの姿を思い浮かべながら、人にとって他の人と意思疎通することがどれだけ重要であるかについて考える機会をもったとしたら、昼間、自分が立てたプランの妥当性について、もっと見識のあるひとに、じっくりと相談してみたくなるかもしれませんね。

ワーク・ライフ・バランスは、自分が受け持っている仕事が、人々の生活にとって真に有益なものであるかを、仕事をする人自身が判断することをうながす一つの大事なきっかけとなるはずです。

7　結びに代えて

(1) 働くことの意味

以上、ワーク・ライフ・バランスの語を中心として、生きることと働くこととを結びつける方法を探ってきました。そもそも仕事って何だろう、についても考察してきました。最後に、書き出しにもどって、働くことの意味を再考します。ここでまた質問です。

> Q：あなたにとって働くことの意味はなんですか。そう考えるのはなぜですか。
>
> A：

働くことの意味は、千差万別であってかまいません。人はみな、自分の生きてきた歴史（生活史）を引きずりながら、いまの自分の立ち位置から人や世を眺めますから、見えているものがちがってあたりまえです。けれども、空と海の間に拡がる地平のように、どんな立ち位置からも同じ様に見えるものもあります。たとえば、次の言説はどうでしょうか。

（1）労働は、自然と向き合い、人間と交流し、広い世界と取り組むことによって、素材（資源）の良さを引き出し、新しい価値を産み出す。
（2）人は、自分が必要とするものの多くを、他の人の労働に負う。他の人がそれらをつくってくれると信頼しながら、自分の仕事に専念し、仕事を通じて個性を伸ばす。
（3）働こうと思えば働ける人が、実際に働くことは、本人の生だけではなく、働きたくとも働けない人の生をも支える。そのことがまわりまわって、働ける人の働こうという意欲を支える。

要約すると、労働は、（1）素材を変換して、何らかの価値を創造します。そして、（2）働く人の間に、異なる役を割り振って、個性を伸ばします。さらに、（3）働こうにも働けない人たちを含めて、社会的な協同を実現可能とするのです。

働くことの意味はかくも広いのです。同様のことが、何と、日本国憲法にも書かれていますので、それを確認して結びに代えたいと思います。

（2）憲法とワーク・ライフ・バランス

現代の日本国憲法は、「職業選択の自由」（第22条）を定めています。それは、劣悪な労働条件の職業につくよう、個人が強制されない権利を保証します。では、個人が、自発的に、劣悪な労働条件の職業につくことを希望するとしたら、どうでしょうか。

憲法は、まず、本人の希望が、個人の「幸福追求権」（第13条）の行使を妨げられない環境のもとで出されたものかどうかを確めるでしょう。つづいて、本人が、他にも、選ぼうと思えば選ぶことのできる選択肢をもちながら、つまりは、豊かな潜在能力をもちながら、あえて、その職業を希望したのかどうかを確かめるでしょう。

職業選択に関する個人の潜在能力は、日本国憲法の「勤労の権利と義務」（労働権：第27条）、ならびに、その手前にある二つの条項、「教育を受ける権利」（教育権：第26条）と「健康で文化的な最低限度の生活を営む権利」（生存権：第25条）で保障されます。

「勤労の権利と義務」は個人がアクセスできる就職の機会を提供します。また、教育権はいつだって学び直して、新たなスキルをたずさえて新たな職を得ることを可能とします。そして、生存権は、劣悪な労働条件の職業を、あえて選ばなくてもよいように、最低限の生活水準を個人に保障します。

日本国憲法は、これらの条項を、現実の法制度として実現するよう、私たちの不断の努力を求めます。生きることと働くことを結ぶヒントは、私たちの足元にありそうですね！

では最後の質問です。

Q：生きることと働くこととを結ぶものはなんでしょうか。

A：

参考文献・資料

アリストテレス（高田三郎訳）（1971/1999）『ニコマコス倫理学　上』岩波文庫

アーレント、ハンナ（志水速雄訳）（1994/2009）『人間の条件』ちくま学芸文庫

スミス、アダム（水田洋監訳・杉山忠平訳）（2000-2001）『国富論』（全4巻）岩波文庫

後藤玲子（2013）『福祉の経済哲学――個人・制度・公共性』、ミネルヴァ書房

ミル、ジョン・スチュアート（早坂忠訳）（1967）『自由論』（世界の名著ベンサム／ミル）中央公論社

ミル、ジョン・スチュアート（伊原吉之助訳）（1967）『功利主義論』（世界の名著ベンサム／ミル）中央公論社
中島敦（1942）『山月記』新潮社

第6章

メディアを読む力、問いかける力

今村和宏

みなさんは、ニュースをどこで知るでしょうか。テレビ、ラジオ、新聞、雑誌、ネットニュース、SNSなどのメディアから日々いろいろな情報が流れてきます。押し寄せてくる情報に圧倒されたり、食い違う情報に戸惑ったりしないでしょうか。

ニュースを整理して読み解き、誇張された報道、ウソ報道に惑わされずに、なるべく客観的で役に立つ情報を入手するにはどうしたらいいのでしょうか。もしそのヒントがつかめれば、情報に振り回されることがなくなるだけでなく、自分自身が信頼される発信者になるためにも役立つはずです。そこでこの章では、そんなことを一緒に考えてみたいと思います。

筆者は大学でメディア・リテラシーについての授業を担当しているので、以下では、そこでのやりとりになぞらえた対話を織り交ぜながら話を進めていくことにします。読者のみなさんもぜひそのやりとりに参加して、一緒に考えを巡らせてみてください。

1　メディアの多様性と偏り、影響力

本節ではまず、どのようなニュースメディアがあり、それぞれにどのような特徴があるか、そして、どのような偏りがありえるのかを探ったうえで、日々メディアからどれだけ影響を受けているかを見てみましょう。

（1）ニュースはどこで知るか？

Q1：昨年（2019年）のニュースで特に気になったのは何でしょうか。

黒田：秋に大型台風や豪雨で大停電やひどい水害が起きたことですね。

マリア：春に川崎市で小学生がたくさん刺された事件がショックでした。

山川：京都アニメーションで放火殺人事件もありましたね。

林：暗い話ばっかりですね。でも、年号が令和に変わって盛り上がったことも大きなニュースですよね。

栗林：私は何といっても日本ラグビーチームがどんどん勝ち進んでベスト8に入ったことです。皆でとっても興奮して元気になりましたし。

張：徴用工判決後に日韓関係がすごく悪化して心が痛みました。反面、北朝鮮が少しおとなしくなってほっとしましたが。

大村：たしか、関西電力の幹部たちが原発地元の有力者や企業から巨額の金品を受け取っていたことが騒がれましたね。でも、いつの間にか全然報道されなくなりましたが。

佐々木：英語民間テストの大学入学共通テストへの導入が見送られたのは衝撃でした。

表6・1　政治・経済・社会の動きを伝えるニュースの入手先（複数回答）（年齢別）

年代＼入手先	テレビ	新聞	Yahoo! ニュース	LINE NEWS	SNSで流れてくる記事	ラジオ
全体	88%	58%	55%	30%	16%	16%
16-19歳	82%	26%	39%	58%	44%	4%
20代	76%	30%	55%	44%	41%	7%
30代	81%	37%	67%	37%	21%	13%
40代	88%	57%	66%	34%	11%	14%
50代	92%	70%	56%	26%	10%	19%
60代	93%	80%	38%	11%	5%	25%

出典：「情報過多時代の人々のメディア選択」『放送研究と調査』2018年12月

Q2：では、そうしたニュースをどんな媒体で知りましたか。

黒田：LINE NEWSやテレビです。

山川：テレビやYahoo!ニュースでした。

栗林：Twitterやテレビですね。

大村：FacebookやYahoo!ニュースや新聞です。

佐々木：LINEで友達から流れてくる口コミ情報とラジオです。

やっぱりそんな感じですね。昔は、テレビや新聞でと言う人がほとんどでしたが、最近は、ネットニュースやSNSの存在感が大きくなっています。特に若い世代では、LINEやTwitter、Facebookなどをスマホで見てニュースを確認するというスタイルが定着していますね。ただし、だからと言って、テレビや新聞などの伝統的なメディアが利用されなくなったわけでもありません。それを数字で見てみましょう。

表6・1は、NHK放送文化研究所が2018年6月に全国16〜69歳の男女2369人を対象に実施した世論調査で明らかになった結果の一つです。

全体では、テレビや新聞といった伝統的なマスメディアが政治・経済・社会の動きを伝えるニュースの入手先として1位（88％）、2位（58％）を占めています。特にテレビについては、年代にかかわらず、8割から9割ですから、その重要度と影響力は変わらないと言えますね。

テレビ以外は、年代による特徴が目立ち、時代による変化を反映しているように見えます。たとえば60代で80%という高い数字を示す新聞については、若い年代ほど存在感が下がり、16〜19歳ではわずか16%です。同様の傾向は、もはやマイナーなラジオでも見られます。60代では4人に1人ですが、若い年代ほど少なく、20代以下では10人に1人未満です。反対に、SNSから流れてくる記事やLINE NEWSは、若い層では存在感がある一方、高い年代ではほとんど参照されません。

唯一Yahoo!ニュースだけは、ちょっと奇妙な傾向を示していますね。30代と40代でいちばん存在感があり、それより若い年代でも高い年代でも重要度が低くなっています。一つ考えられるのは、SNSがまだ普及していなかった10年前に若い世代だった彼らがこの「新しい」メディアを積極的に取り入れて高い山を形成し、それを現在まで持ち越しているという可能性です。

ということで、すべての年代でニュースの入手先トップのテレビ以外では、新聞とラジオは中高年層に、インターネット、SNSは若年層に偏っているようすが調査結果で確かめられました。

(2) さまざまなメディアの特徴は?

Q3:昨年の大型台風や豪雨で起こった災害について特に覚えていることは何でしょうか。

張:あたり一面の建物や車が水に浸かった映像が目に焼き付いています。

林:強風でゴルフ練習場の鉄柱が民家に押し倒されている場面ですね。

マリア:何週間も停電して自宅で避難民になった人がたくさんいましたね。

そうですね。少し時間が経っても記憶に残るのは、言葉よりも映像ではないでしょうか。それを糸口に、まず、速報性がある伝統的なメディアとして、テレビとラジオの違いを考えてみましょう。

テレビは、ラジオと違って動画を含む様々な視覚情報があるので、わかりやすくてインパクトもあります。また、プロの記者の取材にもとづく報道として、ラジオとともに、ネット情報やSNSにはない安定感と信頼感があります。だからこそ、すべての年代でニュースの入手先のトップにあるわけですが、視覚に訴えるインパクトを求める傾向が強く、内容が重要であっても絵にならない情報は軽視されることがあります。

ラジオの場合は、画像がない分、話の面白さや深さでリスナーを引き付けようと工夫を凝らして言葉で勝負するので、聴き応えのある興味深い内容が際立ちます。また、重要なテーマの場合、その場限りのインパクト重視ではなく、長年の経験と知識を持つ専門家に対するインタビューや継続的な取材にもとづく調査報道がたくさん見られます。

大村：すみません。調査報道ということばははじめて聞くのですが…なるほど。それではみなさん、ちょっとネットで検索してみてください。いかがでしょうか。

黒田：大辞林には、「報道機関が、汚職や企業犯罪などを独自に取材・調査し、報道すること」という定義が載っています。

それはかなり狭い定義ですね。もちろんそのような意味でも使いますが、犯罪関連に限られるわけではなく、普通はもう少し広い意味で使います。

佐々木：だったらこちらですか。デジタル大辞泉には、「事件、社会事象について、新聞社・放送局・出版社が自ら掘り起こした問題点を独自に取材調査して報道すること」と出ています。反意語は「発表報道」。「新聞社・

放送局などが、官庁・警察・企業などの発表した内容をそのままに報道すること」と。

はい。まさにそちらの意味です。報道する側が受け身ではなく、主体的・継続的に取材して報道するわけです。さまざまなソースから情報を積み上げて、新たな観点や新事実を突き止めようとする意気込みが感じられます。

以下は、2019年9月下旬から11月にかけて台風・豪雨の後にNHKラジオで放送された一連の専門家インタビューや調査報道の例です。被害状況を強調するような一過性の情報にはとどまりません。専門家を交えて、従来の災害対策の不備が被害拡大を招いた経緯を多角的に分析し、これからの息の長い復興プロセスの中身を探り、今後の防災や減災に役立つような掘り下げた考察と提案を前面に押し出しています。時間は短いもので10分、長いもので30分です。

- 「風速60ｍの世界」への備えとは（2019.9.24）小林 文明（防衛大学校教授）
- 伊勢湾台風がもしあす上陸したら（2019.9.25）安田 孝志（愛知工科大学学長）
- スーパー台風からの減災（2019.9.26）鈴木 秀洋（日本大学危機管理学部准教授）
- 大規模停電から災害弱者を守れ（2019.10.7）松本 浩司（解説委員）
- 台風19号 相次いだ大規模浸水（2019.10.15）清永 聡（解説委員）
- 台風19号 問われた「広域避難」（2019.10.21）松本 浩司（解説委員）
- 相次ぐ台風被害、いま考えるべきこと（2019.10.21）開沼 博（立命館大学准教授）
- 支流の増水で被害拡大〜台風19号による福島の河川（2019.10.30）吾妻 謙（アナウンサー）
- 台風の巨大化は地球温暖化が原因か（2019.10.30）諸富 徹（京都大学教授）
- 水害への備えを見直そう（2019.10.31）周 英煥（岡山局記者）

●台風19号時の避難所ホームレス排除問題について（2019.11.6）斎藤 環（精神科医）
●台風19号1か月－ボランティア活動環境の整備を（2019.11.11）松本 浩司（解説委員）
●台風で自治体サイト相次ぎダウン　対策は（2019.11.11）黒瀬 総一郎（科学文化部記者）

栗林：興味深そうなものがたくさんありますが、なんか硬そうですね。

いや、そんなことはありません。カジュアルなインタビュー形式をとり、わかりやすく実感が湧き、とても聞きやすい内容になっています。専門家の話は、アナウンサーが適切なツッコミを入れて解きほぐしていますし、「解説委員」は、継続的に特定の分野を担当して「ニュースの意味や背景を、専門的な視点で読み解き、わかりやすく伝える」ことを職務としているので、すごくわかりやすいですよ。

さて、テレビとラジオの違いは情報の発信側だけではなく、受け手側にもあります。テレビでは印象的な画像に目を奪われて中身は漫然と聞き流すこともありますが、ラジオは音声に集中するので中身が頭に入り記憶にも残るというメリットがあります。実際、学生のみなさんにラジオのニュース番組を視聴してもらうと、「問題提起に溢れた深掘り情報が刺激的で、知的スリルも味わえる」ととても好評です。

最近では、「らじるらじる」（NHK）、「radiko」（民放＋NHK）、「ラジオクラウド」（民放）など、ネット経由でラジオが聴けるアプリがあり、リアルタイムで聴く以外に、過去の番組に遡って録音を聴いたり、ダウンロードしてオフラインで聴くこともできたりと、利便性が高まっています。ですから、若者の間でもこのメディアはもっと見直されてもよいと思います。

それでは映像も音声もなく地味な新聞にはどんな特徴があるでしょうか。確かに購読者数は年々減っていますが、二番目に高い支持を得ているからにはそれなりのメリットがあるはずです。

まず、政治・経済・社会などそれぞれの分野の専門スタッフが取材をしてまとめた報道内容が紙の上の文字として固定されていることから、なにより、安定感と信頼感があります。その意味で、新聞は「もっとも堅実なメディア」とも呼ばれます。また、新聞は一旦手に取れば、関心のないものも含め多岐にわたる記事が目に入りやすく、バランスの取れた情報収集ができます。

Q4：「LINE NEWS」「Yahoo!ニュース」「SNSで流れてくるニュース」など、ネット経由のメディアはどんな特徴があるでしょうか。

山川：スマホさえあればいつでもどこでも手軽に情報が入手できます。それに、好みで簡単にジャンルが絞れるのは効率的ですね。

Q5：それはプラス面だけでしょうか。

林：興味のある分野のものだけ見ていると他の分野に目を閉ざすことになり、視野を狭めるような気がします。

マリア：小さいスマホ画面で周りの記事が目に入らない点も視野の狭さかも。

まさにそこが心配なのです。実際、すでに引用したNHK放送文化研究所の世論調査でも、インターネット、SNSへの依存度の高い若年層は、接触する情報ジャンルと情報源の範囲を限る傾向が強いという結果が出ています。しかも、特にSNS経由の情報には、ソースが特定できず、信頼性が乏しかったり事実や根拠に基づかないデマがあったりしますね。ですから、まずソースを確かめ、より信頼性のあるテレビ、ラジオ、新聞のサイトなどで確認をとることが大切でしょう。確認を怠ると、自分自身がデマ拡散に加担することにもなりかねません。

（3）メディアが切り取る「現実」

Q6：ニュースは、身の回りで起こる日常的なことを報道するでしょうか。

大村：いいえ。それでは、一般の人にはニュース価値がないでしょうから。

佐々木：でも、ＳＮＳでは日常のちょっと変わった情報が流れてきますね。

ニュースはその名前のとおり、日常的ではない「新しく伝える価値のあるもの」であることが前提です。しかし、そうしたニュース価値を求めすぎると、ことがらの目立つ部分をさらに際立てたり、そこまではいかなくても、目を引こうと誇張表現を使う恐れもあるので注意が必要です。

栗林：つまり、誇張したり主観的な意見を交えたりせず、とにかく客観的に事実をそのまま伝えるべきだということですね。

そこがむずかしいところです。たとえば、誰かが「死亡した」という事実だけなら問題なさそうですが、それだけを報道して終わりということは稀ですね。「いつ、どこで、どのような状況で？」という疑問に答えることが最低限必要だからです。当然「殺されたのか、事故死なのか、自殺なのか」も知りたいところですが、それがはっきりしているとは限りません。さらに「その人がどんな人なのか」を示す過程で、その人がそれまで辿ってきた背景についても言及する必要がでてきます。そこまでくると、単純な「生の事実」を取り巻く「現実」を誰もが納得できるように「客観的」に記述するのはそう簡単ではないとわかるはずです。

黒田：結局、メディアは「現実」そのものを伝えることはできないわけですね。では、どうするのですか。

現実の一部を切り取って再構成するしかありません。切り取るにあたっては、いろいろな取捨選択をして、それを記事や番組に再構成することになります。取捨選択と再構成を左右するものとしては、次のようなものが挙げられます。

①メディア企業の政治的傾向（社是）
②権力からの圧力、自主規制（忖度）
③読者層（視聴者層）、地域性を意識した商業的な判断
④媒体の持つ特性
⑤記者の興味・主観
⑥予算・時間・字数の制約
⑦わかりやすさ
⑧掲載場所（放送時間帯）
⑨メディア企業内の力関係
⑩「世論」（世の中の空気）

山川：こんなにいろいろあるなんて、大変そうですね。
栗林：それに、全体としてはあまりピンとこないですね。
林：でも、わかるのもあります。たとえば、②の「権力からの圧力、自主規制（忖度）」というのは、首相や政

府、スポンサー企業の意向に配慮した報道に流れることでしょうし、⑩は「世論」（世の中の空気）に逆行する報道はしづらいということですね。

張：③の商業的判断もわかります。営利企業なら売るために、読者や視聴者の興味や好み、地域性に配慮した紙面づくり、番組作りになるのは当然ですね。営利企業ではないＮＨＫでも視聴率が取れないと困るらしいので、似た状況かもしれません。

マリア：私の国、フィンランドでも、メディアによって政治的な立ち位置がだいたい決まっているので、①の「メディア企業の政治的傾向」というのは理解できます。でも「社是」とは何のことでしょうか。

それは「会社が正しいと考える方針」を指すことばですが、ほとんどの場合、会社の上層部の考え方と同じです。現場記者や中間管理職はなかなかその社是を無視できず、何らかの折り合いをつける必要があるという話です。

佐々木：あと、記者の興味や主観がテーマの選定や表現に影響を与えるというのは想像できますが、⑥⑦⑧がわかりません。

ではしっかり見ていきましょう。予算と時間について言えば、一つの記事や番組に費やせるお金によって、どれだけ深く調査できるかが決まり、締め切りがあれば、時間内にできる範囲の選択をして、ストーリーを組み立てて記事や番組をまとめるしかないということです。一方、すでに深く調査され書く時間があっても、字数の制限で、多面的な扱いができず、説明を省略することもあります。

また、わかりやすさは大切ですが、もともとさまざまな要素が絡み合う複雑な内容を単純化しすぎれば、一見わかりやすくても、ことがらを正しく記述したことにはなりません。

張：なるほど。では、⑧の掲載場所（放送時間帯）はどういうことですか。

取捨選択には、どの紙面か、どの時間帯かということも関係します。新聞の場合は1面トップ（右上）が花形扱いされます。トップでなくても1面はその新聞社の「顔」ですから、大事なものが掲載され、力が入っています。そして、2面、3面あたり（ときに4、5面）までは主に政治的な内容が扱われる「総合」があり、「経済」「文化」「芸能」「スポーツ」「特集」「全面広告」「生活」「教育」「投書」「社会」などが続きます。同じ事件であっても、社会面に載るのか、経済面に載るのか、総合面に載るのかで、焦点の当て方が違ってきます。

テレビの場合でも、視聴者の多いゴールデンタイムで流されるのか、注目度の低い夜中や早朝なのか、あるいは主に主婦や高齢者が在宅の昼間なのかによって、選択の仕方や切り口が違ってくるのは想像できるでしょう。

山川：ゴールデンタイムかどうかでどう違うのかよくわかりません。

それでは、一緒に考えてみましょう。たとえば晩のゴールデンタイムのニュースの影響力はどうでしょうか。

山川：たくさんの人が観ているので、影響力は大きいと思います。

そのとおりです。それは政府やスポンサー企業などの権力者側にとっては何を意味するでしょうか。

山川：報道内容が気になる…。なるほど！　当然、厳しくチェックするし、気に入らなければ文句も言いたくなる、つまり圧力をかけたくなる。というか、実際に圧力がかかる前に、報道側が忖度するわけですね。

はい。苦情が入りにくい無難な内容に収めがちになります。それに対して、視聴者数が少ない深夜や早朝なら、どうでしょうか。

黒田：チェックが甘いから、外からの圧力を気にせず比較的自由に番組作りができるのですね。

そうです。具体例を見てみましょう。ＮＨＫテレビは公共放送として堅実な報道機関とされ、センセーショナルな報道が控えめですが、政府や企業の発表をそのままに報道する「発表報道」が多いため、政権寄りとも言われます。特に、晩7時や9時のＮＨＫのニュース番組では、政府批判的な内容は稀です。しかし、夜11時半頃放送の「時論公論」という番組では、様々なデータや事実を手堅く分析しながら論を進め、政府など権力側に都合の悪い論点も堂々と提示するので、見応えがあります。夜10時放送の「クローズアップ現代＋」や日曜日夜9時放送の「ＮＨＫスペシャル」も調査報道の典型例です。

大村：新聞でも同じようなことが言えるのではないですか。目立つ1面では制約がある一方、中のほうのページや最後のほうの社会面なら、比較的自由に記事が書けるというように。

栗林：注目度が低いラジオは自由度が非常に高いはずですね。

お二人ともさすがですね。新聞は同じ話題でもページによって書きぶりが違うことが知られていますし、ラジオで調査報道が多いというのも自由度が高い証拠です。目立たないところの報道は必見、必聴ということです。

佐々木：目立たないと言えば、NHKのEテレもそうですか。学校の授業で観たことがあるだけで、うちではまったく観ませんが。

はい。Eテレも好例です。昔は教育テレビと呼ばれたETV（Eテレ）は、目立たない存在ですが、意欲的な番組が多く見られます。特に、土曜日夜11時放送のETV特集は、専門知識を持った科学・文化部の記者が社会的な問題を入念に取材してまとめ上げる調査報道として定評があります。福島で原発事故が起こった時も、二か月後の5月には、『ネットワークでつくる放射能汚染地図』を放映し、当時の民主党政権がひた隠しにしていた汚染の実情を白日の下に晒し、大反響を呼び、何度も再放送されました。

さて、ここまできて、それぞれのマスメディアがどれだけ多様な制約のもとに「現実」を切り取るものなのか、だいたいイメージできるようになったでしょうか。それができると、報道されるものを鵜呑みにするのではなく、主体的・批判的に読解・視聴することにつながります。

一般にメディアを受け手が主体的、批判的に読み取る力のことをメディア・リテラシーと呼びますが、ここまで学んできたことは、まさにメディア・リテラシーを高めるために役立つわけです。以下では、その力をさらに伸ばすためのヒントを探りたいと思います。

2　想像力、疑問を持って読み、ちょっと調べてみる

「ニュースを主体的、批判的に読み取る」と言うと、何かむずかしそうだと感じるかもしれません。しかし、基本はいたってシンプルです。それは、ニュースに接したとき、想像力や疑問を持って読み進み、何かに気づいたら、

ちょっと自分で調べてみて自分なりに判断するということです。この節では、その具体例を見ていきたいと思います。

(1)「あれっ?」という感覚、想像力のスイッチ

Q7:北朝鮮報道で「飛翔体」という言葉を昨年聞いた時どう感じましたか。
大村:聞き慣れなかったので、ちょっと引っかかりました。
栗林:飛ぶ物であることはわかったので、特に気にも留めませんでした。
マリア:はじめて聞いたので、辞書で調べて理解しました。
張:北朝鮮の発射した物を、なぜミサイルと言わなかったのか不思議でした。
黒田:検索してみると、発射直後でミサイルか衛星かわからない段階なら、飛翔体と呼ぶのが正確だと出ていますよ。でも、飛行物体という誰でもわかる別の表現もあるのに、なぜこちらを使うんでしょうね。

やはり、この言葉には少なからず「あれっ?」とか「ムムッ?」とか思うような違和感があったはずです。その時、張さんのように「なぜミサイルと言わなかったのか」とメディアに問いかける姿勢があるとよいですね。さらに、黒田さんのように改めて「飛翔体」の意味を調べてみると、いろいろなことが見えてきます。

「空を飛ぶ物」の意味では、もともと「飛行物体」という一般的な言葉があり、UFO(Unidentified Flying Object)の和訳は「未確認飛行物体」です。一方、「飛翔体」は、専門家同士で使われる固い表現で、ミサイルかどうか確認できないうちはこの表現を使うのが適切ですが、一般にはほとんど使われませんでした。それが、昨年2019年春からは頻繁に聞かれるようになったわけで、「なぜか」という疑問が残ります。

Q8：「ミサイル」と比べて「飛翔体」の印象はどうでしょうか。

林：全然怖そうではありません。

佐々木：そもそも実感も湧かず、自分には関係ない感じがします。

そうですね。「大したことない」と思うのが普通でしょう。では、本当に大したことなかったのでしょうか。発射直後ならミサイルと断定しないのが適切です。しかし、専門家がミサイルと判断し、北朝鮮もそれを認める段階になっても、メディアは政府の発表通り、「飛翔体」や「ミサイルと疑われる飛翔体」という表現に終始しました。ここに、騒ぎ立てないようにする誰かの意図が見え隠れしますが、どうしてそんな必要があったのでしょうか。

林：それって、前の年に始まった米朝トップ交渉が２０１９年も続いていて、事を荒立てたくないとアメリカが考えていたからですか。

マリア：そして、トランプ大統領の意向を忖度した日本政府が穏便な表現を好んだのかもしれませんね。

鋭い分析ですね。私もそう確信しています。みなさんがすぐ思い当たったような観点からの検討なしに、メディアが政府の発表通りの表現を使って報道しているのは問題ですね。もちろん敵対意識を煽るのは外交上好ましくないので、慎重な表現を使う姿勢には賛成です。しかし、客観的にミサイルだと判断できる状況でも「飛翔体」を使い続けるメディアの主体性のなさには危機感を覚えます。それは、別の文脈でも、政府の思い通りにメディアが報道して世論が誘導されかねないからです。

Q9：北朝鮮報道は、２０１８年の米朝初会談以前はどうだったでしょうか。

林：ミサイル発射や核実験のことなどを報道していて北朝鮮は怖くてひどい国だと思いました。金正恩が誰かを粛清したなんて話もありましたし。

マリア：来日してびっくりしました。ヨーロッパでは「ちょっと困った国」として冷静な扱いだったのに、日本では「モンスター国家」のように報じられていたからです。すごく感情的な感じがしました。

大村：それは北朝鮮からの距離の問題ですよ。ヨーロッパにはミサイルは飛んでいかないでしょう。日本は近いから切実なのは当然です。拉致問題もありますしね。好感が持てるはずありません。

確かに、そういう面はありますね。ですが、2018年春以前と以後では報道ぶりにあまりに大きなギャップがあります。2018年春までは、マリアさんの言う通り感情的に煽られている印象がありました。

Q10：その時期にミサイルの言い方で何か気になりませんでしたか。

張：はい。「事実上の弾道ミサイル」というのがずっと。なんでそんな曖昧な表現を使うのでしょうか。「事実上の弾道ミサイルを打ち上げたことは遺憾です」とか言うのを聞くと、いらいらします。ミサイルなのかどうかはっきりしてほしいです。

林：そう言われてみると、ちょっと変な表現ですね。なんか最初はちょっと違和感があったけど、そのうちに慣れてしまったみたいです。

山川：弾道ミサイルとほぼ同等だからそう見なしていいという意味ですね。

まあ、そうですが、この奇妙な表現が生まれるまでの経緯は非常に興味深いので、詳しく見てみましょう。

「北朝鮮 ミサイル発射」一色の報道

Q11：「2016年2月7日」「官房長官」で検索するとどんな結果が出ますか。

佐々木：トップに「北朝鮮による「人工衛星」と称する弾道ミサイル発射事案について（2）」というのが出てきます。2月7日の菅官房長官の記者会見です。「本日9時31分、北朝鮮が弾道ミサイルを発射しました。この弾道ミサイルは…」と続き、動画も見られます。

はい。日曜日午前の会見です。この時、政府は弾道ミサイルだと断定していますね。しかし、発射間もない時点で、どうして断定できたのでしょうか。発射直後には、人工衛星打ち上げ用のロケットか弾道ミサイルかを見分けられないはずですから、本来、ロケットとか飛翔体とか呼ぶべきです。私はこの発表に強い違和感を抱きました。当然、メディアの中にも違和感を持つ人がいるものと推測していました。

ところが、翌日月曜日、大手新聞朝刊の1面トップを飾ったのは、白抜き大文字見出しの「北朝鮮 ミサイル発射」でした。政治傾向の違う各紙が軒並み、政府発表を無批判にそのまま文字化したことに恐ろしさを感じました。テレビでもラジオでもネットでも論調はまったく同じでした。それまでに政府とメディアが作り上げた「北朝鮮はひどい悪者」という世論がそれ以外の見出しを許さなかったのでしょう。そして翌日には、「ミサイル」が実際には衛星軌道に乗ったと米国側が認めたのですが、政府もメディアも今さら「軌道修正」して「人工衛星」とは言えません。その結果、その後1年以上「事実上の弾道ミサイル」という無理な表現を使う羽目になりました。この件は日本在住の外国人特派員の間ではお笑い種になっています。

こうして、2016年には脅威を煽る政権の意図通り人工衛星を「弾道ミサイル」「事実上のミサイル」と呼ぶ一方、2019年には事を荒立てたくない政権の意図通りミサイルを「飛翔体」と呼んだのです。私たちは、脅威を過大評価させられたり過小評価させられたりした事実を忘れてはなりません。

ということで本題に戻ります。ニュースを主体的、批判的に読み取るための第一歩は、報道を鵜呑みにしないこと。読んでいて「あれっ?」「そうかな?」「なんか変だな!」と思った感覚を大切にして立ち止まり、想像力のスイッチを入れて、思いを巡らす。そして、ちょっと調べてみれば、いろいろな可能性が見えてくるわけです。

林:よくわかりました。でも、この件みたいに日本中のメディアが同じように報道していたら、それを信じるしかないでしょう。それに、どう調べたらいいかもわかりません。

山川:私もハードルが高いなあと思いました。

確かにこの件は一見むずかしそうですね。でも、糸口はあります。それを次に見ていきましょう。

(2) 裏をとるって、どういうこと?

Q12:国際関係のニュースで、日本中のメディアが感情的に一方向に流れている時は、いったいどうすればいいでしょうか。

張:外国メディアの報道を見てみるというのはいかがでしょうか。

大村：外国人特派員の間で笑い種という話を聞いて私もそう思いました。

マリア：それに私のような外国人が近くにいたら、海外の報道事情を尋ねてください。喜んで答えますよ。

ありがとうございます。マリアさんがそう答えてくれるかなと期待していました。外国人に聞けたらいいですよね。外国人が近くにいなければ、自分で調べる必要がありますが、想像力を働かせれば、それも大変ではありません。２０１６年の発射事件なら、どんなキーワードで検索しましょうか。

大村：「missile, North Korea, 2016」でしょう。

山川：う〜ん、だめですね。他のミサイル発射の記事ばかり出てきます。

黒田：そりゃ当然かと。2月はミサイルじゃなかったんですから。missileをrocketに替えれば、たくさん出てきますよ。

山川：本当だ。すごいですね。rocket launchが国連決議違反だとして非難はしているけど、missileなんていう事実に反する記述はないですね。

実は、検索リストの下のほうに少し出てきます。でも、ミサイル全般の話だけで、2月の発射がミサイルだと主張する記事はもう見つかりません。私は発射直後に、アメリカ政府の発表通りにミサイルだと断定する記事も少しだけ見つけましたが。

栗林：目からウロコが落ちるとはこれですね。大学生なら簡単にできますし。でも一般には、英語だと面倒に感じる人が多いのでは？

張：そんな時はＢＢＣやＣＮＮなど海外メディアの日本語サイトが便利かと。

確かに。あと、ロイター（米国）やＡＦＰ通信（フランス）など海外通信社の日本語サイトもあります。ハードルが高そうに見えたこの件でも裏が取れ、解決できましたね。ですから、通常のケースならむずかしくありません。では、どんな方法があるでしょうか。

林：ちょっと気になるキーワードを検索してみるだけでも、書いてある内容を批判的に捉え、裏を取ることにもつながりますね。

佐々木：出典や元データが確認できれば、報道の妥当性が判断できます。

その通りです。昔と違って今はネットの検索機能で比較的簡単に一次資料が見られるので絶対お薦めです。その他はどうでしょうか。

栗林：別のメディアの報道と比較してみることができますね。

はい。その際、それぞれのメディアの政治的傾向についての一定の知識があると、複数のメディアの報道内容を位置づけやすくなります。

Q13：全国紙やテレビの政治的傾向はどうなっているでしょうか。

黒田：産経新聞とその系列のフジテレビは一番政権寄り、読売新聞と系列の日本テレビも次に政権寄りなのに対し、朝日新聞と系列のテレビ朝日は一番政権批判的で、毎日新聞と系列のTBSテレビはその次に政権批判的だと。大まかにそんな傾向があります。ただ、ここで注意すべきは、最近10年余りで、マスメディアが本来持つべき「権力チェック機能」が全般的に弱くなっていることです。それがどういうことかわかりますか。

栗林：はい。政権寄りのメディアはさらに政権寄りに、政権批判的だったメディアは及び腰になってきたということですね。忖度文化とも関係がありそうですね。

はい。かなり深刻な問題です。次の第7章でも指摘されるように、批判を含めた政治的表現や、公共性の高い情報を伝える報道の自由がなければ、民主的な社会は成立しませんが、「世界報道自由度ランキング」(国境なき記者団)によると、旧自民党政権(40位前後)や民主党政権(10～20位)に比べて、第二次安倍政権以降は53～73位と、自由度が近年顕著に下がり、この4、5年は先進国の中で米国と並んで最低レベルです。

栗林：そんなにひどい状況ですか。でも、それって「メディア全体の右傾化」というのと関係ありますか。

はい。ですが、それはメディアだけではなく、世論でも政治の世界でも言えることです。昔は中道右派と言われた自民党の重鎮たちは、考え方を変えていないのに今は左翼扱いされると苦笑しています。ところで、日本経済新聞と系列のテレビ東京はどこに位置づけられるでしょうか。

佐々木：経済界の利害や立場を代弁する傾向が強いのではないでしょうか。

はい。その通りです。そして政治的には案件ごとに少し政権寄りだったり、若干政権批判的だったりするので、一定の幅を持った中立と言えるでしょう。

マリア：すみません。ちょっと混乱してきました。同じメディア内で目立たないところで自由度が高いという傾向と合わさるとどうなりますか。

張：トップページとか政治面の目立つところでは社是にもなっている政治的な立ち位置が強く反映されるけれど、社会面や国際面などの目立たないところでは社是にはあまり縛られないということでしょう。

大村：つまり、受け手としては、目立つところの記事や番組はメディアの政治的傾向を意識すべきだけど、目立たないところの記事や番組は政治的な偏りをそれほど心配しなくていいということですね。

そのとおりです。それに、目立たないところにある情報や論点は、社是からは独立なので一定の価値が置けます。たとえば、普段は政府擁護的な新聞の目立たない紙面に政府批判的な記事があった場合、もともと政府批判的な新聞の批判的な記事より信用でき、深刻に受け止めるべきです。

マリア：だいぶ感じがつかめてきました。では、政治的に中立とされる日本経済新聞の場合はどうなりますか。

日本経済新聞は、非常に興味深いメディアです。冷静な書き方である限り、政府擁護的でも政府批判的でも同様に許容されているので、一紙を継続的にフォローするだけで、全体としてバランスよく、耳を傾けるべき多様な立場が確認できます。

栗林：それはお得ですね。いずれにしても、日経の場合、1面など目立つところでは中立的で、政治的な立場のはっきりしたものは、後ろのほうのページだったり、小さかったり、目立たない記事なのですね。

はい。一般にはそうです。そうした知識は、主体的な情報の読み解きに役立ちます。ただし、例外があることも見逃せません。稀に、明らかに政府にとって都合の悪い記事が1面トップに載ることがあるのです。たとえば、2019年7月9日の1面トップには、原発の安全対策費の大幅な増額についての試算が掲載されていて、脱原発の妥当性を強く示唆する内容になっています。それがいったい何を意味するかわかるでしょうか。

大村：それは経済界が記事の内容を支持しているということですか。

はい、そうですね。原発に見切りをつけて新たな成長分野に商機を見いだす勢力が経済界で育ってはじめて可能になった記事だと考えられます。ただし、別の可能性もあります。未だに原発にこだわる政策に強い危機感を抱いたこの新聞が世論に本気で訴えかけているのかもしれません。そして、普段一定の中立性を保ち、批判のための批判はしないメディアだからこそ、このような記事には説得力と影響力があるのです。

栗林：すごいですね。そこまで深読みできるなんて。これから時々日本経済新聞を読んでみようと思います。

いいですね。でも、ちょっと横道に逸れすぎたので、話を戻しましょう。別のメディアの報道と比較したい時にもう一つお薦めなのが、通信社です。国内では、共同通信社と時事通信社が大手です。自らが取材したニュース、論説委員室で執筆した社説などを全国の新聞社と放送局、ネット媒体等、さらに海外マスコミなどへ配信しています。このように千差万別のメディアに配信する都合上、政治色を極力排して中立的な内容に努めているので、比較や裏取りには適しているわけです。

黒田：そういえば、Yahoo! NewsやLINE NEWSの記事タイトルの下あたりに「時事通信」とか「共同通信」とか書いてあるのを見たことがありますが、それが何を意味するのか考えたことはありませんでした。

そうですね。あまり意識しないものですね。しかし、通信社に限らず、Yahoo! NewsやLINE NEWSなど、ネットニュースの記事の場合は、受け取ったニュースの位置づけや評価に生かすために、出典に注意を払うようにしたほうがいいでしょう。

Q14：記事を読む時、どの部分が事実で、どの部分が意見か意識しますか。

林：大抵なんとなく意識しますが、漫然と読んでいる時もありますね。

マリア：私は高校の授業で、その切り分けが大事だと教えられたのでいつも注意していますが、頑張ってもわからない記事があります。

何が客観的な事実で何が報道する側の意見なのかを見分ける姿勢が大切です。事実と意見をごちゃ混ぜにする報道は信用できませんが、両者がはっきり分けて書いてあれば、報道の信頼性は比較的高いと判断できます。

(3) 言葉づかいや統計グラフにご注意!

Q15：次の二つの文で印象はどのように違うでしょうか。

①土地公示価格が坪当たり20万円を切った。
②土地公示価格が坪当たり20万円を割り込んだ。

栗林：なんか二つ目のほうが、よくない状況のような感じがします。

マリア：「割り込む」と「切る」の違いは先週の日本語上級の授業で習ったばかりです。「割り込む」はある限界を超えて少なくなったことを意味するだけでなく、「困った状況だ」というようなマイナスの価値判断が加わっています。「切る」も限界を超えて少なくなったことを意味しますが、マイナス評価はありません。つまり、プラスか中立的なニュアンスだということです。

林：なるほど。でも、ふだん意識していないですね。

黒田：それに、こんなに分析的に説明するなんて到底できません。

そうですね。日本人は無意識に感じとっていることですが、言葉にするのはむずかしいでしょう。しかし、無意識だからこそ、知らず知らずにこのような言葉遣いに影響を受ける恐れがあるのです。では、②の内容はどんな人の見方でしょうか。

張：価格が下がって困っている人ですよね。

佐々木：土地を売ろうとしている所有者とか不動産屋さんでしょうか。

すばらしい！　そういうことですよね。では、ある報道機関が②の文面で事実を伝えているとしたら、それは何を意味するでしょうか。

栗林：当然、売るほうの立場で報じていることになりますね。面白いですね。これも、なぞ解きみたいでわくわくします。

張：そして、読者は売る立場に共感しがちになりますね。

大村：言葉って、すごいですね。①の文面だったら、買うほうの立場、または中立的な立場で報道しているわけですね。

その通りです。一見事実だけ伝えているようでも、言葉の選び方で、読者を巧妙にどちらの方向にも誘導できてしまうわけです。しかし、こうしたことを読む側が心得ていると、誘導されにくくなります。主張の根拠として使われる統計データの誘導にも気を付ける必要があります。特にグラフは、一目で詳細な情報が得られる便利なツールとして使われますが、そこには大きな罠が潜んでいることがあります。

Q16：「グラフの罠」について聞いたことがありますか。

山川：はい。授業で習いました。何かの変化のグラフで縦軸を短く表示すると変化が見えにくくなるとか、逆に縦軸の大部分を波線で省略すると大きく変化しているように見えるという話ですね。

張：確かに。でも正直、普通はあまり注意していないですね。

林：それと、立体グラフで違いの見え方を誇張したり逆転させたりできるというのもありますから、すごく危ないですよね。

マリア：3Dグラフのことですね。私もフィンランドの学校で習いました。

佐々木：それ、何となくしか覚えていません。

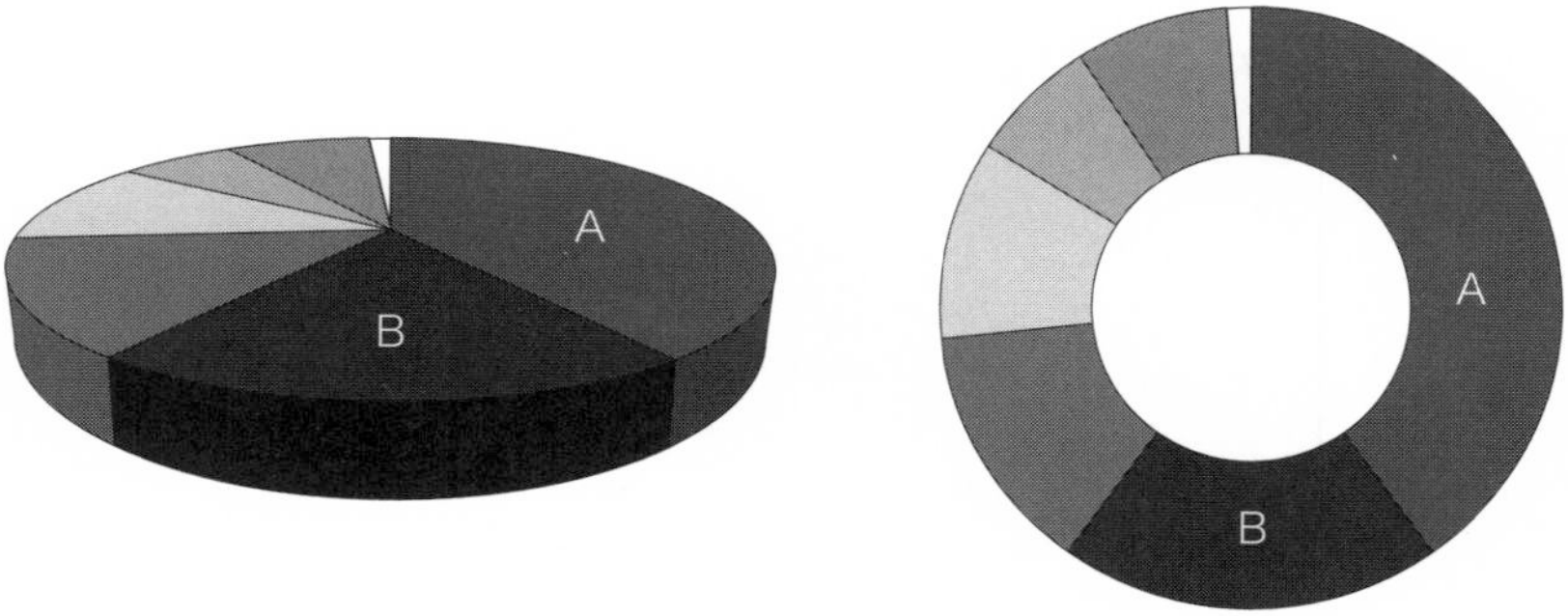

図6・1　立体グラフが歪める比率の印象

では、具体例を見てみましょう。誰かがBの大きさが問題だと主張するために、図6・1の左の立体グラフを使ったらどうでしょうか。手前のBはこちらに迫ってくるため、Aと変わらない大きさのように感じてしまいます。ところが実態は、右の円グラフのように、BはAの2分の1程度しかないわけです。つまり、立体グラフは要注意なのです。

ただし、平面グラフでも安心できません。たとえば、少年犯罪の厳罰化を唱える根拠として誰かが図6・2を示しながら、「犯罪統計を見ると、平成に入ってから憂慮すべき事態があるから」と主張したとしたらどうでしょうか。

大村：縦軸の取り方が胡散臭いですね。一番下がゼロでなくて14万人です。これだと、実際より大きく変化しているように見えます。

黒田：それになぜ平成10年でグラフが終わっているのでしょうか。その後がどうなっているか見たいですね。出典の書き方も不完全というか。

さすがです。二つも騙しのテクニックが使われていますね。本来、示すべきグラフは図6・3です。これを見ると、平成に入るまで一旦かなり増えていた少年の検挙数が、平成に入ってからは減る傾向にあるというのが正しい記述であるとわかります。

大村：図6・2は悪質ですね。犯罪率が大幅に高まっているかのように思

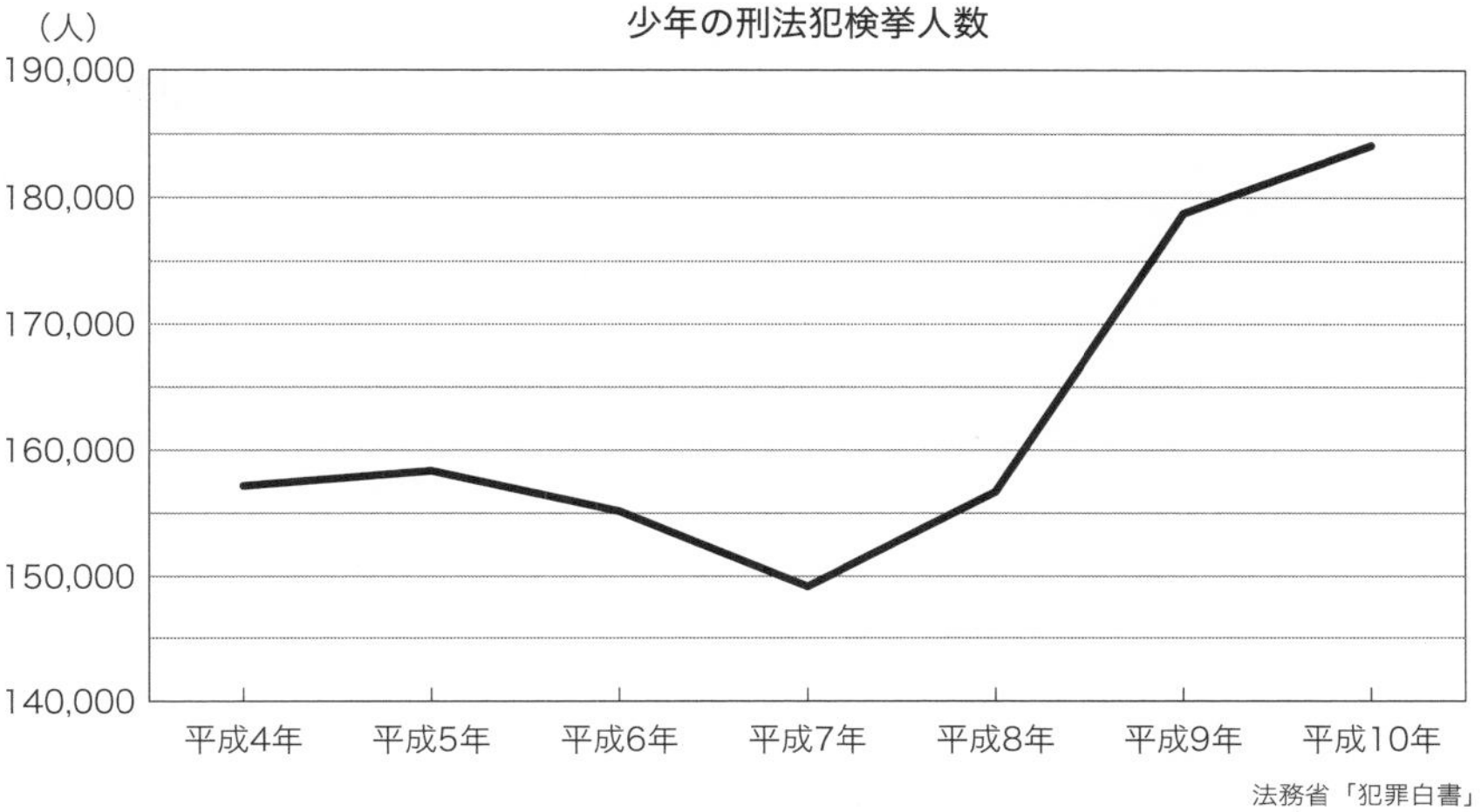

図6・2　少年犯罪の推移（短期間）

図6・3　少年犯罪の推移（長期間）

わせるために都合のよい点線の範囲だけ切り取って示したわけですね。

Q17：情報に振り回されない主体的な受け手の条件は何でしょうか。

大村：気になったことは想像力を働かせながら裏をとり、各メディアの特徴に配慮して情報の意味を読み解き、言葉づかいやグラフの罠に注意する、ということですね。

3　メディアに問いかけ、発信する

私たちは、主にマスメディアから流れてくる情報を消費するだけですが、多様な見方に目配りしながら、自分自身がメディアとなって発信することも、自分からマスメディアに働きかけ、世論形成に積極的に参加することもできます。どんな可能性があるか、考えてみましょう。

(1) メディアに疑問や意見を投げかける

Q18：メディアに疑問や意見を投げかけるにはどんな方法があるでしょうか。

張：まず、新聞の投書欄に投稿する方法があります。

栗林：話題のテーマなら、Twitterにテーマ用のハッシュタグをつけて意見を書き込むとメディアのほうで集約してくれるそうです。

伝統的な方法と現代的な手法と両方とも出てきましたね。投書は採用されれば多くの目に触れるので効果は大きく、採用されなかった投書も大抵参考資料として将来の報道に生かされます。また、Twitterへの書き込みは集計されて数値化されるので、手軽な働きかけの方法として価値があります。一方、ちょっとハードルの高い電話による意見は、苦情以外の建設的なものは数が少なく目立つため、効果的です。編集会議（新聞や雑誌）や編成会議（テレビやラジオ）で取り上げられることが多く、メディアへの働きかけの方法として大いに試す価値があります。

このように、自分が抱いた疑問や意見を投げかけることによって、メディアを変えていくこともできるわけですが、その際、伝え方が大切であることも心に留めておいてほしいと思います。

攻撃的な非難をぶつけるようなやり方だと、メディアは非難に対する拒否反応を示します。一方、メディア側の立場を尊重したうえで素朴な疑問をプレゼンしたり、改善のための提案を提供したりすれば、聞き入れられ、報道姿勢の修正につながる可能性は小さくありません。また、メディアに冷静に働きかける中で自分の考えをさらに深めることもできるという嬉しい副産物もあります。

メディアに直接働きかけることによって、成功した例はたくさんあります。NHKの番組『ネットワークでつくる放射能汚染地図』が視聴者の働きかけの結果、何度も再放送されることになったというのも一つの例です。

(2) 自分がメディアになる責任

Q19：Twitterで見たウソ情報をリツイートして後悔したことはないですか。

山川：実は、小さなウソ情報を流して後悔した経験があります。

栗林：デマをぎりぎりのところで流さずにすんだことなら。

自分自身がメディアになるということには、責任が伴います。そして、そのためにやっておくとよいことがいろいろあります。もっとも大切なことは独りよがりにならないように、なるべく視野を広げることです。

ときどき、普段読まない新聞を読んだり、普段見ないテレビの報道を見たり、あえて自分とは違う意見の人のツイートをフォローしたりしてみて、別の視点、立場からの感じ方や見え方を理解するようにすることが有効です。また同じ見方でも、伝え方はさまざまなので、その違いを観察すると、表現の幅が広がります。さらに、他の人との議論を通して、自分を相対化し、自分自身の偏りが意識できれば、発信のための理想的な準備が整います。

自分の知っていることや考えていることをSNSで発信すれば、自分自身がメディアになって既存メディアを補うこともできます。ただその場合、根拠がないのに断定的な内容を拡散する「デマの発信源」にならないように留意する責任があるわけです。投稿する前にワンクッション置くことが何より大切なことでしょう。また、事実と意見をはっきり区別する姿勢は、報道機関にだけでなく、私達自身が信頼される発信者になるためにも必要です。

もうおわかりですね。メディアを読み解く力と働きかける力は強め合います。批判的な読みは効果的な働きかけを助ける一方、働きかけというアウトプットを意識すれば、インプットとしての読みの質も自然に高まるわけです。

さあ、ここまで、さまざまなテーマについて一緒に考えてきました。知らないことや意識してこなかったことがあったかもしれません。しかし、主体的で批判的な読み手や発信者になるのはそれほどむずかしくないと実感できたのではないでしょうか。そして、誇張された報道やウソ報道を見抜き、客観的で有用な情報を入手する力があり、世論形成にも積極的に参加できれば、私たち一人ひとりがより民主的な社会を築くことに貢献できるのです。

では最後に、いくつか質問です。ここまでの内容を振り返りながら、考えてみましょう。

Q：地方新聞は、地元ニュースが多いほか、どんな特徴があるでしょうか。
（ヒント：発行部数が少ないこと、大手新聞ほど取材力が高くないため通信社配信記事の利用率が高いことの意味を考えてみてください）

A：

Q：次の二つの文は、それぞれどんな人の立場で書かれているでしょうか。また、読んだ読者はどのように誘導される恐れがあるでしょうか。
①今、原発が止まっている。この状況は…
②今、原発が止まっている。この事態は…

A：

Q：Twitterで回ってきた投稿をリツイートしたい衝動に駆られた時、責任ある発信者として、どうしたらよいでしょうか。

A：

参考文献・資料

「情報過多時代の人々のメディア選択」『放送研究と調査』２０１８年12月〈https://www.nhk.or.jp/bunken/research/yoron/pdf/20181201_7.pdf〉（２０１９年11月30日参照）

今村和宏（2017）「平和と脱原発を考えるためのメディア・リテラシー」『メディアのことばを読み解く7つのこころみ』（名嶋義直編）ひつじ書房、22～30ページ

The World Press Freedom Index（世界報道自由度ランキング）〈https://rsf.org/en/ranking〉（２０１９年11月30日参照）

第7章 「表現の自由」って何ですか?

志田陽子

1 「自由です」ということの意味

Q:授業中におしゃべりを注意されたけど、おしゃべりをする「表現の自由」はないのかな?
A:

(1)「表現の自由」と学校

友達に電話をかけたり、メールを打ったり、テレビを見たり、これはと思うアニメ映画を映画館に観に行ったり。家では、家族とご飯しながらとりとめのないことを喋ったり…。私たちは、学校でも、家庭でも、無数の表現とコミュニケーションをおこなっています。

私たちの世界は、一人ひとりがさまざまな現実と向き合い、自分なりに消化しながら、コミュニケーションをつないでいくことによって成り立っています。私たちは、学校の中でも普段のくらしの中でも、意識せずに「表現の自由」のルールに守られて、いろいろな表現をしています。

「でも、学校では授業中にお喋りをしていると注意されるよね？」

そのとおりですね。学校にも、学校の外の一般社会にも、表現に対してさまざまなルールや制限があるのが現実です。学校の教室の中では、「授業中はおしゃべりをしないこと」といったルールもあり、おしゃべりをしていると注意されたりします。表現は、「自由」なんだけど、その場所や、集まっている目的に応じたルールもあるわけです。それはその場にいる人々が、その目的について合意しているからです。

学校の授業では、生徒・学生の側が学習の権利を持っていて、その権利を実現するために先生が授業をおこなっています。授業中は授業にふさわしい状態に教室全体を保つことが、先生（教員）の仕事です。先生はその仕事上必要とあれば、おしゃべりをやめさせたり、逆に学生同士のディスカッションを促したりするわけです。

では、もっと広い社会を見渡したとき、どういうことが「自由」で、どういうことが「ルール」なのでしょう？

(2)「No」といえる権利が「自由」

憲法21条の第1項には「集会、結社、言論、出版、その他一切の表現の自由は、これを保障する」と書かれています。この条文でいう「集会」とは、話し合いをしたり講演会を開いたりといった、いろいろな目的で、人が集まることです。「結社」とは、会員を集めて「〇〇の会」といった団体を作ることです。政治政党もここでいう「結社」です。言論は、講演会でスピーチをしたり、テレビやラジオで話をしたり、文章で意見を発表したりすることです。「出版」は新聞・雑誌・図書など、印刷して発行するもののことです。それ以外にも、美術や音楽、演劇、インターネットへの投稿など、すべてのジャンルの表現について、「自由」が保障されています。

ここで「自由」を「保障する」といっているのは、まずは、国や自治体に「No」といえる権利のことです。国や自治体のことを「公」といいます。「公」が仕事をするとき（警察が仕事をするときや、保健所が仕事をするときなど）には、人を従わせる強い作用が生まれます。その強い作用を指して「公権力」といいます。憲法という法は、ほかの法律と違って、この公権力に対して、「国民のためにこういう仕事をしてください、ここは国民の自由に任せて手出しをしないでください」、ということを命じている法です。「表現の自由」も、そういうルールの一つです。だから私たちは、このルールに基づいて、国や自治体（公権力）が干渉してきたとき、「No」といえるのです。

だから、「表現の自由を保障する」ことの基本的な意味は、国や自治体が、一般の人同士の自発的な表現を妨害したり介入したりしない、ということなのです。

（3）名作文学もイタズラ書きも、同じ扱いで「自由」なの？

それぞれの表現には、質の高いものも、そうでもないものもあるでしょう。報道（ニュース）のように公共に向けて発信される表現もあれば、同人漫画のように、個人的な趣味を仲間と共有して楽しみたいという私的な表現もあるでしょう。しかしここでは、ある本や映画などの表現（物）にどのくらい意味や価値があるか、という視点ではなく、価値があるかもしれないもの・ないかもしれないものを取り混ぜて、それらが流通する《自由な表現のあり方》が確保されていることに意味がある、という考え方がとられています。

「表現の自由」を保障する、ということは、その価値（または無価値）を国家ではなく私たち市民が自分たちで見分けていく、ということを意味しています。これに対して、学校内や自治体（市や区など）で、学生の絵画や作文のコンクールが行われ、良い作品が選ばれる場面もあります。これは、法的に許される表現（「表現の自由」で保護される表現）と許されない表現とを振り分けているわけではありません。

（4）「やってはいけない！」――検閲や盗聴

検閲の禁止――公表の自由

「表現の自由」保障の基本的な意味は、国や自治体が国民の自由な表現に介入してはいけない、ということです。「検閲」は、そのなかでも最も深刻な介入だったため、憲法第21条2項でとくに禁止されています。

表現物の内容をその公表に先だって国や自治体が閲覧し、公表の可否を審査することを「検閲」といいます。日本では、第二次世界大戦終了まで、図書や新聞、演劇などが、そのような「検閲」を受けてきました。これを今後は禁止する、といっているわけです。

ここで禁止されるのは、国や自治体が行うもののことなので、テレビ・ラジオ等の放送業界や、映画・ゲームの業界が自主ルールを作って行う事前チェックは、ここでいう「検閲」にはなりません。また、高校までの学校で使う教科書は、文部科学省による「教科書検定」を受けて、合格したものの中から選ばれています。裁判所は、これは検閲には当たらないと判断しています（家永訴訟・最高裁１９９７(平成9）年8月29日判決)。

通信の秘密――プライベートなコミュニケーションの自由

憲法21条2項では、「通信の秘密」を保障する、とも書いてあります。ここでいう「通信」は、封書などの信書、電信・電話、インターネット上の電子メールなどのプライベートなコミュニケーションのことです。これは「表現の自由」の一内容であることはもちろん、個人の生活のプライバシーにも関係するものです。通信者の同意なく、密かに会話を聴取することを「盗聴」といいますが、これは「通信の秘密」の侵害となります。

このルールも、まずは国や自治体に向けて「やってはいけない」と命じているものです。犯罪捜査のときに警察官が、犯人と思われる人物（被疑者）の電話を盗聴したりメール記録を調べたりすることがありますが、これは「通信の秘密」のルールの特殊な例外です。「通信傍受法」という法律によって、強い必要性と緊急性が認められる場合に限って行われます。

電話会社など、通信に関わる事業者も、このルールを受けて、通信内容について秘密を守るルールとなっています（郵便法、電気通信事業法、電波法など）。私たち一般人も、他人に当てられた封書を勝手に開けると「親書開封罪」という犯罪に当たることがあります。

(5) なぜこの「自由」が大事なの？

このように「表現の自由」は、さまざまな人権のうちでももっとも手厚く保障されるべき権利として大切に扱われています。その理由は、次のように考えられています。

一人ひとりの《人格》=《その人らしさ》は、無数のコミュニケーションによって支えられ、発展していきます。「表現の自由」はそのプロセスを支える役割を果たします。身近な人との交流や、本を読んだり、芸術から知見や刺激を得ることも、人格を育てていくプロセスにとって重要です。

また、人類の発展には真理の探究がつねに伴ってきました。この探求の努力に、国が上から「正しい答え」を押し付けてはならず、人々が自発的に切磋琢磨していくことが大切です。この意味での「自由」を「思想の自由市場」と呼ぶこともあります。学問研究や芸術は、この意味での「自由」がとくに必要な分野です。

民主主義の社会は、選挙の制度があるというだけでは足りず、情報や意見を自由に出し合える社会であることが必要です。とくに、批判を含めた政治的表現や、公共性の高い情報を伝える報道などの自由がとくに守られる必要があります。このことは、この章の最後のほうでもう一度説明します。

さて、このように大切な「表現の自由」ですが、これは同時に弱いものでもあります。「口は災いのもと」とか

「キジも鳴かずば撃たれまいに」など、下手に「表現」をすると損をするよと戒めるようなことわざが世間にはいろいろありますね。このことわざが示しているように、人は、罰などの不利益があると、それを覚悟してまで言いたいことを言う人は少なく、表現することをやめてしまう人のほうが多いのです。こういう状態を「萎縮」と言います。「表現の自由」は萎縮しやすい、弱い権利なので、萎縮しないようにその自由を手厚く支える必要があるのです。そのため、表現に対する制限や禁止は必要最小限にとどめ、みんなの表現が萎縮することのないように配慮することが、国や自治体に対して求められるのです。

2 ルールを知ることで自信を持とう

(1) SNSは危険な道路?

ツイッターやフェイスブック、インスタグラムといった、インターネット上のコミュニケーションの場のことを、SNS(ソーシャル・ネットワーク・サービス)といいます。いろいろな人と遠くにいながらにして情報や意見のやりとりができ、便利な道路のようなものとして、多くの人が愛用していますが、同時に、「炎上」と呼ばれるトラブルも起きやすいことが知られています。ツイッター上で他人の批判やリツイートをしたら、名誉毀損で訴えられた…というニュースもいくつか、目にするようになりました。こうしたトラブルに巻き込まれるのは誰だって避けたいですよね。

「答えは簡単だよ。SNSなどやらなければトラブルに巻き込まれることもない。表現トラブルとかかわりあいになりたくない人は、表現をしなければいいんだ」。

たしかに、その通りです。

Q：でも「表現の自由」にとって、これが答えなのでしょうか？
A：

この答えを、否定することはできません。表現をしないことも、「表現の自由」のひとつのあり方です。

SNSを含め、インターネットの世界では、私たち一人ひとりが簡単に表現を発信することができるようになりました。そのために、昔は新聞や放送などのメディア関係者が知っておくべき《プロのルール》だったものが、私たち一人ひとりが知っておくべき《一般人のルール》に変わってきたのです。表現に関するルールはそのように変化してきました。

このとき、「トラブルを起こしたくないから道路に出ることはしない」という選択をしてしまうと、社会に共有されるべき情報や意見の量が少なくなって、民主的な社会が成り立たなくなっていきます。これが先に見た「萎縮」です。表現活動の世界では、「トラブルを起こしたくないから、表現をしない」という萎縮の発想ではなく、「自信を持って表現活動をしていくために、ルールを知ろう」と考えます。その発想で、この先を読み進んでください。

以下は、「表現の自由」の全体に通じる考え方をいくつか説明します。順番通りに読み進んでいただくのが理想ですが、「もっと具体的な話を先に読みたい」と思う人は、本章第3節「知っておきたい権利のいろいろ」に飛んで、その後にこの第2節に戻ってきていただいてもOKです。

(2) 自由の海と、他人の権利の島

「表現の自由」にも「ルールがある」ということについては、海と島のイメージで考えるのが一番いいでしょう。「表現の自由」という広い海の中には、他者の権利の島がいくつもあります。この島にぶつからない限り、私たちの表現は「自由」です。この島があるところについては、無断で上がり込んだり、この島を壊すようなことをしたりすれば、権利侵害となり、責任を問われることがあるのです。この島には、この後に見る名誉権やプライバシー権など、いろいろなものがあります。憲法では、それらを総合的に表す言葉として、「公共の福祉」という言葉が使われています。

(3) 権利を「侵害する」とは?

刑法で決めている「犯罪」に当たる行為を行ったときには、「法に違反した」ことが「犯罪」となって、処罰の対象になります。これに対して、民法や著作権法など、刑法以外の法律は、私たちにとって守られるべき「権利」を明らかにしています。仕事をしたらお給料を払ってもらう権利があるし、物(たとえば本)を買うときには、お金を払うことと引き換えに、その物(本)を渡してもらう権利があります。

権利を「侵害する」とは、このような他人の権利を無視した振る舞いをして、相手に損害を与えることです。上の例で言えば、月給や時間給などを取り決めて仕事をした人に対して、払うべきお給料を払わないでいると、働いた人の権利を侵害していることになります。ネット通販で本を買う契約をしてお金を払い込んだのに、買った物が届かない、となると、買った人の権利が侵害されていることになります。プライバシーを勝手に暴露されたときには「プライバシーが侵害された」ということになります。

この「権利の侵害」という言葉は、「表現の自由」の話をしていくときにも必ず必要になるので、やや専門的な

法学用語ですが、ぜひ覚えてください。

（4）「公共の福祉」って何?

新聞で裁判の報道を読むと、この言葉がよく出てきます。「表現の自由」が問題となった裁判でも、「表現の自由は最大限尊重すべきだが、それでも『公共の福祉』による制約はある」という言い方をよく見ます。これって、どういうことでしょうか。

憲法12条、13条には、国民は権利を「公共の福祉のために」利用する責任があること、国民の権利は「公共の福祉に反しないかぎり」「最大の尊重を必要とする」ことが書かれています。この二つの条文は、「表現の自由」についても当てはまります。

自分の「自由」を通すことが他人の権利と衝突したり、他者の権利を侵害することもあります（具体的には、この後の解説を見てください）。「公共の福祉」というのは、そうした場合に自分以外の他人の権利や社会のことも考えてバランスをとる、ということを言い表した言葉です。「他人の権利を侵害してはいけない」ということです。「表現の自由」もこのルールによって制限を受けます。しかしこの制約は、先に見た「表現の自由」の大切さに照らして、とくに強い必要性のある事柄に限って、最小限の制約にとどめよう、という考え方がとられています。たとえば、小説がプライバシー侵害を引き起こすことがあるからといって、小説という表現方法そのものを禁止する法律が制定されたりすれば、「表現の自由」を保障した憲法に違反することになります。

つまり、「表現の自由」とは、どのような表現も絶対無条件に自由です、という意味ではなく、「とくに強い必要性がある事柄に限って、最小限の制約にとどめる」という考え方のことをいっているのです。だから「表現の自由」の考え方のもとでも、犯罪の教唆（きょうさ：そそのかすこと）など、禁止の必要性がはっきりしている事柄は、規制されます。

ただし、この「公共の福祉」という言葉が、「表現の自由」を抑えるときの合言葉のように使われる傾向も、社会の中にはあります。「公共の福祉」という言葉がここに書いた意味よりも広がってしまわないように、気を付ける必要があります。

「表現の自由」と衝突したり綱引きの関係になったりする「他人の権利」は、人格権と呼ばれる権利のグループと、著作権など経済に関わる権利のグループに大きく分かれます。

まず人格権は、その人のその人らしい生き方を支える権利です。生命・身体・健康を脅かされない権利や、信用・プライバシーなど社会生活の上で守る必要のある権利がその内容となっています。「表現の自由」と衝突することがあるのは、主に、信用やプライバシー、そして顔写真などの肖像にかかわる内容です。

3　知っておきたい権利のいろいろ

(1)　名誉毀損とは?

Q：もしもあなたが、「あの人は万引きの常習犯だ」という噂を広められてしまったら、どうでしょう。あるいは、「あの人は試験中にカンニングをしていた、あの点数は不正行為の結果の点数だ」といわれたらどうでしょう。また、学校の先生は「教員免許」を持っている必要があるのですが、「あの先生は教員免許がないのに学校で教えている」といわれてしまったら、どうでしょうか。自分の立場を守るために、どんな方法があるでしょうか。

A：

そのようなことをいわれたら、不快な思いをするのはもちろんですが、それによってスポーツの試合に出る資格を失ったり、成績を取り消されたり、職業を続けられなくなったりと、不利益を受けるおそれが出てきますね。

社会の中でも、学校生活の中でも、「あの人はそういうことはしない人だ」「あの人はこういう資格や業績を持っている人だ」という信頼によって、人それぞれの立場が成り立っていることがあります。その信頼を傷つけられると、社会的信用を失うことになります。このように、人の社会的信用を失わせたり低めたりすることを「名誉毀損」といいます。刑法230条で定められています。「名誉毀損」にあたる表現で被害を受けた人は、発言者にその発言をやめてもらうことや、国に罰してもらうことや、自分が受けた損害をお金で償ってもらうことができます。

ここでいう名誉は、社会に認められている評価や社会的信用のことです。たとえば傑作を作曲したという自信を持っている音楽家が「よくある平凡な曲」との批評を受けたとしても、名誉毀損にはなりません。しかし、「あの作品は他の作曲家の作品の盗作だ」といったコメントは、当人の社会的信用を下げる事実情報になり、名誉毀損となる可能性がでてきます。

こうしたことを「公然と」表現したとき、名誉毀損となります。たとえば、ネット上の公開の場に投稿したり、新聞に載せたり、路上や講演などでスピーチをすれば、「公然と」表現したことになります。そしてこの場合、その情報が虚偽(嘘)だったら名誉毀損になるのは当然なのですが、これが本当の話だったとしても、名誉毀損罪になるのです。だから、不正行為をおこなっている人を見たときには、いきなりそのことを世間にさらすようなことはせず、本人に改善を求めたり、学校などしかるべき場所に話をしたりすることが原則です。

「名誉毀損」は刑法で定めされているルールですが、実際には、刑法の内容を参考にしながら民法の「不法行為」によって裁くことが多くなっています。「不法行為」とは、故意に(わざと)、または過失(不注意)によって、他人の権利を侵害した場合には、その損害をお金でつぐなう、というルールのことです。民法709条と710条に定められています。この場合にも、先ほど見た刑法の条文と同じ考え方によって「名誉毀損」に当たるかどうかが判断されます。

(2) 重要な社会問題だったときは

ただし、名誉毀損には、その内容が「公共の利害に関する事実」である場合には、公表された内容が「真実であった」場合にかぎり、名誉毀損には問わないことが、刑法第230条の2に定められています。「真実であったこと」を厳密に証明できなかったとしても、「その事実を真実と信じるにつき相当の理由があった」といえる場合には、名誉毀損にはならないと考えられています。これは主に、新聞などの報道について適用されるルールです。この考え方は、民法のほうで裁判をするときにも、使われます。

たとえば、長崎教師批判ビラ事件(最高裁1989(平成元)年12月21日判決)では、成績通知表を児童に渡さなかった教員が、実名とともに「お粗末教育」などと書いたビラをまかれてしまいました。これについて最高裁は「公共の利害に関する事項」についての「批判、論評」だったので、「表現の自由」の範囲内と認め、名誉毀損とはしませんでした。学校教育がどのように行われているかは、社会全体にとって意味のある問題、つまり「公共の関心事」なのです。ここから考えると、教員免許を持っていないのに学校で教えていた先生がいたとき、このことをニュースで報道することは、名誉毀損にならないことになります。

(3) プライバシーとは?

「プライバシー」や「個人情報」という言葉を、よく聞くようになりました。「プライバシー権」とは、「私生活をみだりに公開されない権利」のことです。これは、日本では、「宴のあと事件」(東京地裁1964(昭和39)年9月28日判決)という裁判で初めて認められました。小説の中でモデルとして描かれた有名政治家が、自分の私生活について小説中で公表されたことについて訴えた事例でした。

「表現の自由」を「プライバシーの権利」によって制約することは、民事の裁判に限られていますので、この裁判も、後に挙げる裁判も、すべて民事裁判です。先の「名誉毀損」と同じ、民法709条の「不法行為」といわれる条文を使って裁判をします。

では、どのような事柄が、プライバシーになるのでしょうか。たとえば、犯罪に関する情報は「公共の関心事」なので、それをニュースなどで取り上げて報道することは「表現の自由」ということになります。しかし、刑を終えて社会復帰した後の人については、その人の犯罪歴はプライバシー情報になります。今では「忘れられる権利」という言い方もされています。そうなった後に、そのような過去を公表する表現は、プライバシー侵害となります（小説「逆転」事件（最高裁1994（平成6）年2月8日判決））

私たちにとってもっと身近に起きそうな事例を見てみましょう。「石に泳ぐ魚」事件（最高裁2002（平成14）年9月24日判決）という事例を見ると、小説作品中でモデルとされた女性が、自分の顔にある傷痕とともに、出身地や家族の逮捕歴などのプライバシー情報を無断で描かれてしまいました。この人と顔見知りの人が読めば「あの人、そういう事情を持っている人なんだね」とわかってしまう書き方でした。本人がこのことで深刻な精神的ダメージを受けてしまったことについて、最高裁は、本人の名誉とプライバシーが侵害されているとして、この小説をそのままで単行本にしないように止める「差止め」の判決を出しました。

出身地や国籍、家系にかかわる情報は、個人情報です。本人が事情によりそれを隠している場合には、「プライバシー情報」ともなります。友人としてその情報を知った人が、本人の了解を得ずにそれをSNSに投稿したり、小説の題材にしたりすることは、プライバシーの侵害として、法的責任を問われることになります。プライバシーを一方的に公開してしまうことを、最近では「アウティング」とも呼びます。学校の友人関係の中で、こうしたトラブルが増えています。これは当人を深く傷つけることがあることを、知っておきましょう。

(4) 個人情報とは?

「個人情報」の内容は、プライバシーよりも広いものです。個人の氏名、住所、電話番号、家族構成、通学している学校名や成績、病歴など、個人を特定したり生活状況を確認したりするさまざまな情報が含まれます。「個人情報」のすべてが「プライバシー」となるわけではありませんが、重なる部分が多いですね。

世の中には、これらの情報をとくに大量に取り扱う仕事があります。国や自治体、また学校・病院・銀行・電話会社(通信サービス業)などです。

こうした仕事をする役所や会社は、それらの情報を流出させないように守ることが、法律によって義務付けられています。「個人情報の保護に関する法律」、「行政機関の保有する個人情報の保護に関する法律」などが、そうした義務付けを行って、私たち個人個人の個人情報を守りながら、仕事をしています。

(5) 写真に撮られたくないときもある――肖像権とは?

学校でも、友人と遊びに出かけたときでも、みんなで気軽に写真を撮り合う場面があると思います。しかし、ときにはどうしても写真に撮られたくない場面があったり、写真まではいいけれども「それをそういうふうに使わないでほしい」という事情があるかもしれません。

「肖像権」は、そのようなときに「お断り」できる権利です。写真を撮ることは「表現」ですが、このとき、「撮られたくない」「撮ったものを公表されたくない」という人がいたときには、その人のその意思(※ふつうは「意志」と書きますが、法律の世界ではとくに「意思」と書きます)を尊重する必要があり、意に反して写真に撮ったり、その写真を公表したりしてはいけないのです。

だから、写真撮影をするときは、その前に、本人の許可を取らなくてはならないのです。事前に許諾を取ることが理想ですが、事後でも、公表前に許可が取れれば問題ありません。もしも本人の承諾を取らず（意に反して）撮影や公表をした場合には、「差止め」といって、出版を止めさせたり、ネット上から削除させたりすることができます。

テレビ番組などで、インタビューに答えている人や背景に写り込んだ通行人の顔にぼかしが入っていることがありますが、これは肖像権侵害にならないように配慮しておこなっている画面処理です。

（6）学校の外ではアウトなの？——著作権

学校の授業で、プリントが配られたり、先生から映画の一部を見せてもらったりすることがあると思います。音楽の先生がＣＤで音楽を聞かせてくれたり、ピアノで最近の曲を弾いて聞かせてくれることもあると思います。学校でＯＫなのだから、学校の外でもＯＫだと思って、近所のカフェで同じ映画の上映会をやろうとしたら、「それは無理」といわれてしまいました。学校の先生がピアノで弾いてくれたＪ－ＰＯＰ系の歌を、学校の外で行われるピアノの発表会で弾こうと思ったら「許可がとれていないのでダメ」といわれてしまいました。どういうことなんだろう？

これは著作権法で定められているルールがあるためです。

じつは、学校の中のほうが特別なのです。著作権法は、本や音楽や映画など他人の作品を利用したいときには許可を得る、というルールを定めています。無断で作品を利用されたり、盗作されたりしないようにルールを決めることで、表現者の利益を守る仕組みです。

そのようなルールを守る必要があるのは、「著作物」つまり創作性のある作品に限られます。まだ表現されていない構想段階のアイディアや、表現された作品の奥にあるテーマなどは、「著作物」として扱われず、他人が真似ても、法的な問題にはなりません。また、表現されたものであっても、列車の時刻表や料金表のように、創作性があるとは言えないものは、著作物として扱われません。

音楽や映画や小説などの著作物は、演奏する、上映する、朗読する、といった利用行為によって、その価値が受け手に伝わります。その利用行為を独占できる権利が著作権です。実際には、誰かの著作物（たとえば音楽）を他人が利用するとき（たとえばネット上で音楽配信をするときや、カラオケで歌うとき）、料金を払っていますね。この料金が、著作権者のところに行くのです。

こうした利用行為を、権利者に無断でおこなうと、著作権の侵害として責任を問われます。しかし著作権法は、場面によって、こうした権利のルールを緩めています。文化の促進や教育・福祉のためにそのようにしたほうがいいと判断されるような場面があるのです。

たとえば、教科書への掲載（33条）や学校現場における複製（35条）は、著作権のルールに縛られず、自由に利用してよいこととなっています。また図書館では、著作権者の権利を害さないようにとの条件がつきますが、図書や専門誌を自分のために一部だけ、コピーすることができます（31条）。

こうした自由利用は、学校や図書館でとくに認められていることです。学校外の一般社会ではふつうの著作権ルールが使われますので、映画の上映や音楽の上演をしたいときには、権利者に許可をとる必要があるのです。商業映画や商業音楽を無断でネットにアップロードしたり、それをダウンロードしたりすることは、罰則の対象にもなっており、逮捕されることもありますので、注意しましょう。

4　批判と差別は違う

(1) 不快リスクのない表現はない!

Q：あなたの学校の運動会（体育祭）で、ブラスバンドが演奏した行進曲の演奏が不ぞろいでイマイチだったとします。そのことについて、あなたが学級会で「あの演奏ではコンクール入賞はまず無理だね」と発言したとします。

　それを聞いたAさんから「一生懸命やったのに、傷ついた。不愉快」といわれてしまいました。それで慌ててソフトな言い方に変えたところ、Bさんからは、「そういうまわりくどい丁寧ないい方って、かえって傷つく」といわれたので、「いや十分に上手だったよ」と言い直したところ、Cさんからは、「そういう見え透いたお世辞は不愉快」といわれ、あなたは途方にくれて黙ってしまいました。するとDさんからは「そうやって黙ってると、こいつらと話したって意味ないなといわれてるみたいで不快」といわれてしまいました。誰からも「不快」といわれずにすむには、どうしたらいいのでしょうか。

A：

こんな場面が本当にあったら、困ってしまいますね。こんなふうに、人の発言について四方八方から「不快」といって追い詰めることのほうが問題ともいえます。しかし「表現」の世界では、どんな表現でも誰かを不快にさせる可能性があり、人を不快にさせるリスクのない表現はないのです。こんなとき、「人を傷つけたり不快にさせたりしたら罰する」という法律があったら、あなたは、どうにも身の置き所がなくなってしまいますね。

（2）まずは、反論する自由がある

人の心を傷つけない努力は大切なものです。また、傷つけたり不快感を与えたりしたら、謝る、仲直りのための努力をする、ということも大切なことです。しかし、法律が先回りして「誰も傷つくことのない、誰も不快な思いをすることのない表現ルール」を定めることは、不可能です。もしもそれをやろうとすれば、「表現の自由」は成り立たなくなるでしょう。だから、法律や裁判は「誰かを不快にさせたこと」だけでは表現を制限することはしないのです。「表現の自由」を制限するときには、ふつうにいう「不快だ」「傷ついた」というレベルを超えて、「権利」が「侵害された」といえる傷つき方をしたことが必要なのです。

これは、不快な思いをした人に泣き寝入りするように求めているのではありません。「私はそれをいわれて不快だった」「私はそれを言われて傷ついたので、今後はやめてください」「私たちのことをそのようにいうことは間違っています」と「いう」ことによって、相手に気づいてもらい、やめてもらうことはできます。こうしたことを「対抗言論」と呼びます。「表現の自由」の考え方は、国が法律をふりかざして表現を押さえ込む場面をなるべく作らず、社会の中から対抗言論が出てきて解決に向かうことを信頼しよう、という発想をとっています。

（3）差別表現はなぜいけない？

しかし、今、社会で問題となっている差別表現やヘイトスピーチ、そして学校内で起きるいじめとなると、対抗言論によって解決することがむずかしい場合もあります。

差別表現とは、人が持っている特性を、その人の価値を低める方向で表現したり、その人々に対して社会が抱いている偏見を助長するような内容を表現することです。「女子は責任のある役割には向いていない」と決めつけるような発言がこれにあたります。また、これまでの歴史の中で、人を偏見や差別の対象として呼ぶときに使われた言葉というものがあり、これを「差別用語」といいます。こうした「差別用語」は公共の場で使うにはふさわしくないので、その言葉を使わずに、新しい言葉を使うことが求められることもあります。「らい」を「ハンセン病」に、「精神分裂病」を「統合失調症」に改めたことがそれに当たります。アメリカでは、黒人に対して黒人奴隷を意味する「ダーキー」「ニグロ」という言葉を使うことは社会的に認められない不適切な表現とされており、「アフリカ系アメリカ人」という言い方をするようになってきています。

「法の下の平等」を目指す社会では、人々が差別的な言葉によって傷ついたり社会参加が妨げられたりすることのないよう、配慮する必要があります。しかし、そのために表現を法律で規制することは、萎縮を招く可能性が高いために、できれば避けよう、という考え方が「表現の自由」にはあります。そこで日本では、差別表現は法律によって規制せず、メディア（新聞、出版、放送など）の自主規制にゆだねる、という方向がとられてきました。

メディアだけでなく、人権保障のための倫理を求められる職業についている人々も、職業倫理として、言葉への配慮が求められます。たとえば、偏見の対象となってきた病名を新しい病名に変更したときには、医師や学校の先生が率先して病名の正しい言い方をすることが求められます。

（4）いじめやヘイトスピーチは？

これに対して、巻き込まれた人（当事者といいます）の努力では解決が難しいと見られる場合には、「表現の自由」の世界でがんばれ、といって放任することは適切ではありません。法律で弱い立場に置かれた人のほうを守るルールも必要です。

学校であれば、一人ひとりが落ち着いて勉学でき、自分の可能性を伸ばせるような学習環境があることが必要です。差別やいじめのターゲットにされてしまった生徒・学生は、そうした本来の学習環境を奪われている状態に置かれています。そしてそれが「表現」によって起きているという場合、これまで見てきた「表現の自由」の考え方で「本人が対抗する」というのは大変難しいことです。

そこで「いじめ防止対策推進法」は、いじめの問題は当人同士で解決できる問題ではないという理解を示し、その防止や対応を、学校や自治体に求めています。この法律の2条1項、および19条1項では、インターネットを通じたいじめも防止対策の対象とされています。同法19条3項では発信者情報の開示について規定されています。

さらに近年、一般人の表現活動の中に、個人やグループを精神的に追い込む攻撃的な中傷が目立つことから、法規制が必要な事柄も出てきました。差別表現のうちでも、ある特性を持つ人々にたいする憎悪や暴力や社会的排除を内容とする表現のことをとくにヘイトスピーチ（憎悪表現）と呼びます。

差別表現が規制されないのは、「一般人は差別表現を自由にやってください」と国が認めているわけではなく、被害を受けた者が「やめてください」と対抗することで解決していくのが望ましい、と考えられているからです。だから、被害者が対抗できないような一方的な形での悪質表現、とくに相手を傷つけいたたまれなくさせることを最初から目的としているような表現に対しては、「私はそれに傷ついているのです」と述べて「気づき」を求めても意味がないことになります。学校を取り囲んで学校内の人々に向けて行われたヘイトスピーチについては、裁判でも、ヘイトスピーチを行った人に賠償と活動の差し止めが命じられました（京都朝鮮学校事件　最高裁２０１４（平成26）年12月9日決定）。

また、２０１６年には「ヘイトスピーチ解消法」（正式名称「本邦外出身者に対する不当な差別的言動の解消に向けた取組の推進に関する法律」）が制定されました。この法律では各自治体に取り組みを求めることとなっています。実際には相談窓口を作ったり、教育の中でヘイトスピーチを行わないように教える、といった方策が挙げられています。違反してヘイトスピーチを行った人への罰則は、２０１９年12月に神奈川県川崎市条例に組み込まれたものがあります。これはヘイトスピーチに対する全国で初めての刑事罰則です。

（5）発達途上にあることへの配慮

Q：18歳にならないと観られない映画もあるし、18歳未満だと選挙期間中に候補者を応援することもできないよね？　これは「表現の自由」に反するのではないの？

A：

みなさんの多くは未成年者だと思います。未成年者には、「表現の自由」についても、いくつかの制限があります。本人の判断能力が未熟なことを考慮して、本人の利益を害する危険の高い事柄を、法律によって遠ざけているのです。これも社会的弱者への配慮の一場面といえます。発達途上にある未成年者は、まだ判断能力が十分でなく利用されやすい「弱者」として、「表現の自由」がもつキッさから守られている部分があるのです。

青少年の健全な発達に配慮した規制としては、「青少年が安全に安心してインターネットを利用できる環境の整備等に関する法律」や、各自治体の青少年保護育成条例などによって、「有害情報」や「有害図書」ができるだけ未成年者の目に触れることのないように配慮されています。

また、未成年者が犯罪に当たる行為を行った場合には「少年事件」と呼ばれます。この少年事件の報道では実名・顔写真など、本人がわかる情報（本人推知情報）を公表しないことが、少年法61条で求められています。これも青少年がまだ発達途上にあることから、社会復帰しやすいように配慮してのことです。これは新聞やテレビなどのメディア向けのルールで、一般人に向けられたルールではないのですが、一般人もその趣旨を尊重してほしいと思います。もしもみなさんの周囲に少年犯罪にかかわった人がいるとしても、その情報をＳＮＳにあげたりはしないでください。必要があれば、学校や警察に情報提供をしてください。

5 「こんなルールは困る」と思ったら？

(1) 「悪法も法なり」？

Q：たとえばあなたが、ちょっとしたミスでクラスメートの名前の漢字を書き間違えてしまったとします。「ごめん」といって書き直せばすむ事柄です。しかしあなたのクラスでは、「友達の名前を書き間違えたら、罰として一か月、学校に来てはいけない」というルールが多数決で決まってしまいました。これは内容としては「学習の権利」を奪う「いじめ」にあたる事柄ですが、みんなで民主主義のルールにしたがって決めたことです。あなたは黙ってこのルールにしたがわなくてはならないのでしょうか。

A：

「悪法も法なり」というのは、古代ギリシャの哲学者ソクラテスの言葉です。悪い法律でも、みんなで決めたルールなのだから従おう、という考え方です。ソクラテスは今の社会ならば「表現の自由」で認められるべき路上でのスピーチや対話を、悪事と極解されて死刑判決を受けてしまったのですが、このとき「悪法も法なり」といって死刑を受け入れたのでした。民主主義を選んだ以上は、この考え方をとらなくてはいけないのでしょうか？

答えはNoです。現在の社会では、「法律」は、私たちの要望によって変えたり、廃止したりすることができます。法律の世界も、それが決まる場面（国会）では、学級会や生徒会で意見を言う場面と同じで、自分たちの考えを持ち寄ってルールを決める。これが「民主主義」です。私たちにとって納得できない内容の法律があるなら、主権者としてそれを変えることを望んでいいのです。とはいえ、民主主義のルートで変えるには時間がかかりすぎる、それよりも今、不当な扱いをやめてほしい、というときもありますね。そういうときには裁判を起こす道があります。法律のほうが憲法に反している場合は、従わなくていいということを確認するために裁判に訴えてもいいのです。そしてもちろん、多くの人の賛同を得るために、それを表現していいのです。

そのためにも、民主主義の社会では、私たち一人ひとりが自分を取り巻く社会について、十分な情報を得ることや、いろいろな人と自由に話し合える環境が必要です。「自分が悪いのだろうか？」と思ったとき、いろいろな人の話を聞いて、「自分の感覚が正しかった」という自信が持てたということは、世の中にたくさんあるからです。私たちが社会の中で生きていくには、表現を発信する権利だけでなく、「知る権利」の保障も必要です。「表現の自由」は、この「知る権利」も当然に保障していると考えられています。

私たちが、自分たちにかかわることは自分たちで決めようと考えて意見を出し合い、合意を積み重ねていくのが「民主主義」です。これは学校の中でも、友人同士でも、実行することのできる考え方です。

(2) 民主主義の社会の仕組みを支える権利

国に新たな政策やルールを求めたり、現在ある政策やルールの廃止を求めたいとき、主権者である私たちには、大まかに言って次の方法があります。

- 参政権：自分が議員に立候補する、またはこれと思う人物や政党に投票する。
- 請願権：現職の議員や行政窓口に、要望を伝える。
- 政府や自治体が募集する「パブリック・コメント」に意見を投稿する。

●表現の自由：各人の表現活動や市民運動によって世論を形成する。
●裁判を受ける権利：法律や行政によって人権侵害といえる被害を受けている者は、その法律や行政が憲法に違反していることを裁判で問い、被害からの救済を受けることができる。

私たちは、こうしたルートを利用して、ルールの見直しを国政に働きかける権利をもっています。民主主義の国家においては、国政と主権と人権は、このようにぐるぐると循環する関係で、つながっています。「表現の自由」は、このサイクルを下から支える権利なのです。

(3) 民主主義と私たちをつなぐ権利

この中で、デモ活動の自由は、今、世界でも大きな話題になることの多いものです。

何らかの関心を共有する人々が一つの場所に集まって勉強会を開いたり意見交換をしたりすることは、民主主義の一場面として重要な意味を持っています。そうした市民が、自分たちの主張を世間に広く知らせることを目的として集団で行進することを「デモ」（集団示威運動）といいます。これは「動く集会」という性格を持つもので、民主主義にとって重要な意味を持っているので、「自由」が保障されます。しかし、一般通行人の交通の自由も守る必要があることから、届出制や許可制などのルール化が行われています。

一方で、ある場所について「立ち入り禁止」「演説や音楽は禁止」といったルールを作ることは、所有者や管理者の判断にゆだねられています。個人や企業の敷地の中については、そういえるのですが、これに対して、公園や公民館、図書館など公共性の高い場所は「表現の自由」に対して可能な限り開かれるべきだとする考え方がありま す。街路で行われるデモについても、行政の介入は最小限にして、交通の安全といった「場」の調整や、住民の平穏な生活を守るための調整に限られるべきだと考えられています。

2016年からは、選挙で投票できる年齢が20歳から18歳に引き下げられました。このことで、みなさんにとって選挙が身近なものになってきましたね。この選挙で行う表現活動（選挙運動）についても、18歳未満の人向けのルールがあります。

まず、18歳未満の人は、選挙運動を行ってはならないというルールがありますので、特定の候補者への投票を呼びかける発言をしたり、選挙運動のマスコット・キャラクターのように振舞うことはできません。

そうしたことを行うことができるのは、自分自身が選挙年齢になってから、つまり、自分で十分に判断ができるようになってから、となっているわけですね。しかし、学校の中や、友人との関係の中で、民主主義や「共存」ということを考える機会はたくさんあります。今は「まだ早い」といわれていても、18歳になればそうした公共の社会の一員としてさまざまなことを考え、表現することが求められるようになります。「まだ早い」と自分で思っている人も、その準備として、社会に対する関心のアンテナをぜひ、磨いていってください。

6　「自由です」ということの意味

最後にもう一言。

表現の自由・情報の自由は、生きるということに直結しています。学校が災害に巻き込まれたときや、家族が災害にあったときの「情報」の大切さを、この1、2年で痛感している人も多いのではないでしょうか。そうした、生きるための切実さというものは、意見や好みの違いを超えて、すべての人に共通です。

異論というものが起きない、完全な調和の世界というものは、どこにもないと思ったほうがいいでしょう。むしろ、衝突や異論があることによって、社会はハンドルを右に切ったり左に切ったりアクセルを踏んだりブレーキを踏んだりしながら進んでいきます。こうした試行錯誤ができる社会だ、ということが、「表現の自由」が想定している「自由」のあり方です。

さまざまな異論、さまざまな好みの違い、さまざまな「理解しきれないこと」、答えがすぐには出ない疑問、そうしたものと一緒に生きることが、「表現の自由」のある社会で、多くの人とともに生きることなのです。

では最後に「表現の自由」について、もう一度考えてみてください。

Q：ある美術展に、作家Aが応募しました。応募した絵には、さまざまな人が露天風呂で一緒に入浴しているところが描かれていました。審査員はこれを「芸術として認められる」と判断したので、Aの作品は美術展で展示されました。しかしこの美術展を見に来た観覧者の何人かから、「裸が描かれていて不快」「女性が差別的に描かれているように見えて不快」「肌の色の白い人や黒い人が描かれているのは人種差別ではないか」「公然わいせつにあたる場面を楽しそうな様子で描いているのは犯罪の礼賛にあたる」といった苦情が寄せられました。美術館では、この絵を展示し続けるか、苦情を受けたことで展示場から取りはずす（撤去する）か、悩んでいます。あなたが美術館員だったら、どうするでしょうか。

A：

Q：この章の最初のほうで「公共の福祉」という言葉の意味を確認しました。しかし実際の裁判では、この言葉が「表現の自由」を抑えるときの合言葉のように使われる傾向もあり、この言葉の意味が広がらないように見守っていく必要があります。最近では、この言葉の代わりに「公益性」という言葉が使われる場面も出てきました。「公共の福祉」と「公益性」の言葉の違いは、憲法の専門家がさまざまに議論しています。さらに発展した勉強を目指して、どんな議論が行われているか、ぜひ調べてみてください。

A：

第8章　豊かでプライドが持てる日本が続くために——多文化共生

佐藤友則

1　日本の現状はどうか?

(1)　人口減&高齢化

私は外国人留学生と接することが多いのですが、多くの留学生は

「日本は安全だ。女性が夜11時を過ぎて一人で外を歩いている。」

「日本人は他人に迷惑をかけないように配慮している。やさしい。」

「一つの目的のためにチームで成功しようと努力するのがすごい。」


と言います。これらは間違いなく「日本の強い点」です。一方で、読者の皆さんは「以前、日本が強かった点、今は

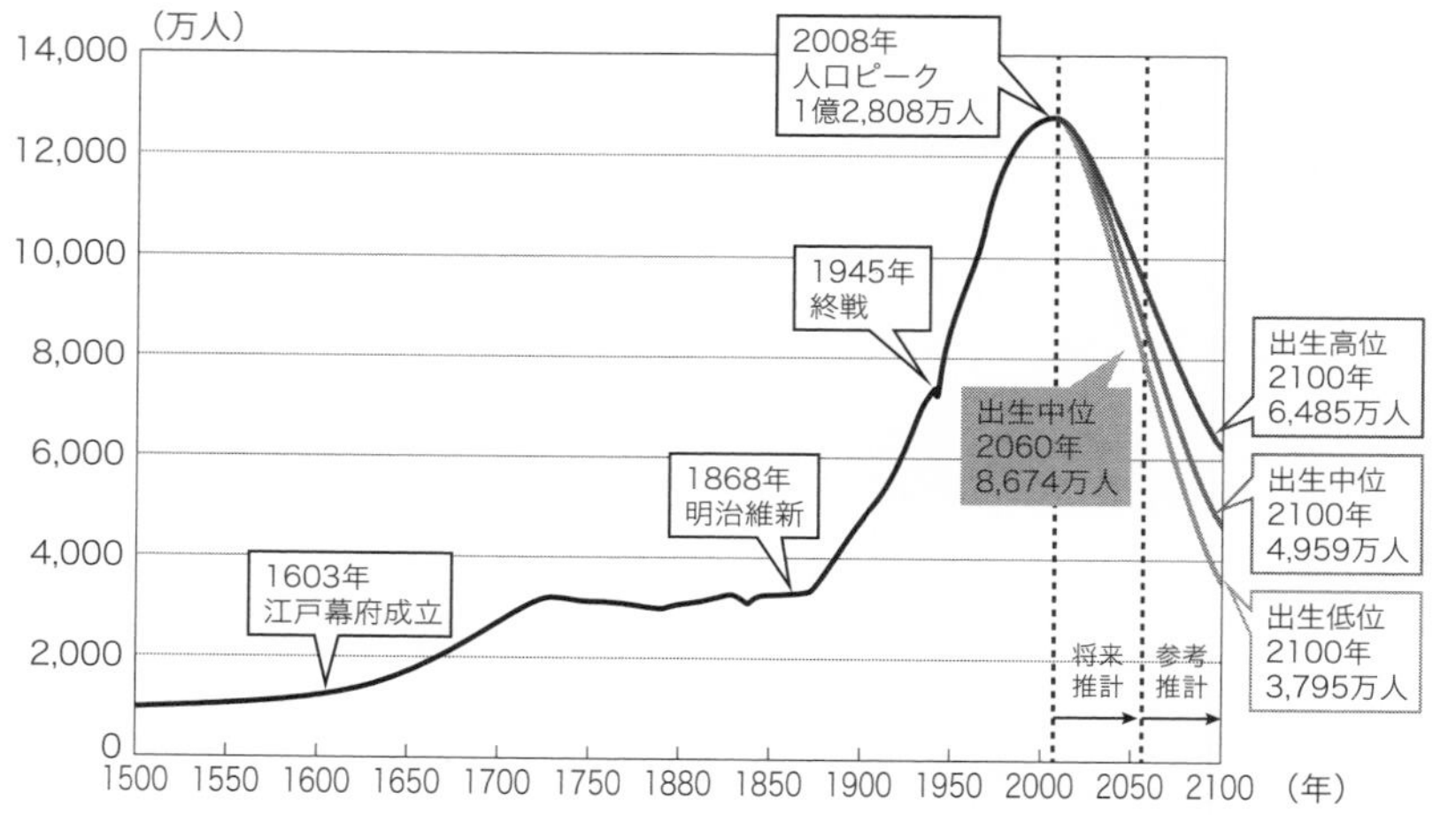

資料：1920年より前：鬼頭宏司「人口から読む日本の歴史」
1920〜2010年：総務省統計局「国勢調査」、「人口推計」
2011年以降：国立社会保障・人口問題研究所「日本の将来推計人口（平成24年1月推計）」出生3仮定・死亡中位仮定
一部の地域を含まないことがある。

出所：平成27年版厚生労働白書（https://www.mhlw.go.jp/wp/hakusyo/kousei/15/backdata/01-00-01-001.html）

図8・1　長期的な日本の人口推移

落ちつつある点」に気づいているでしょうか。日本に危機が近づきつつあることを感じているでしょうか。

まず、日本の大きな問題である人口減&高齢化から考えてみましょう。

2019年時点で1億2615万人の人口が、平成27年版『厚生労働白書』によれば、

> 2050年には人口が1億人を割り込み、2100年には約5000万人まで減少するとも推計されている。（中略）1967年には、65歳以上の人口が総人口に占める「高齢化率」は6・6%であった。それが今（2015年）25%を超え、国民の4人に1人が高齢者という水準にある。このままいけば、2060年には高齢化率は約40%という世界に例を見ない超高水準に至る。

と推計されるとのことです。日本国内に若い多くの働き手がいて巨大な購買層があって、国内だけで自足できていた状況はもはや消えています。これから来るのは、少子高齢化が進んだ国内と世界各国とを

多くの人が行き交うグローバル社会です。このようにこれまでの方法論が全く通用しない時代に、日本は、日本の若者は、どうやって豊かでプライドのある社会を維持していけばいいのでしょうか？

この章ではそういうことを一緒に考えていきましょう。

(2) 科学研究面での日本のプレゼンス低下、若者の内向き志向

日本は科学技術の先進国だと言われて長く、皆さんもそう信じているかもしれません。確かに２０１９年の吉野先生のようにノーベル賞受賞者はそれなりに多く、ノーベル賞関連のニュースはにぎやかです。ただ、２０１８年に政府が発表した『科学技術白書』に以下のような記載があることをご存知でしょうか？

我が国においては、論文数の減少や、論文の質の高さを示す指標の一つである被引用数Ｔｏｐ10％補正論文数の国際シェアの減少など、研究力に関する国際的地位の低下の傾向が伺える。２０１７年3月にNature誌（科学研究分野で世界Ｔｏｐクラスの研究論集）においても、科学論文の国際シェアの低下など日本の科学研究が近年失速している旨の指摘が掲載された。

また、２０１９年8月の日本経済新聞の記事によると、世界から注目され質が高いと評価される論文の国別シェアで日本は9位（２００5年は5位）であり、シェアは低下しつつあります。それと引き換えに影響力を急速に伸ばしているのが中国です。同紙が調査した30の最先端研究テーマの国別ランキングで、23のテーマで首位となったのは中国であり、米国は7テーマ、日本のトップはひとつもありませんでした。今や最先端の研究分野で世界トップを誇っているのは中国発の論文なのです。

また、米国・中国・韓国・日本の４か国の高校生に留学に関する意識を尋ねたところ、最も留学したくないと回

答したのが日本の若者でした。理由は「母国のほうが暮らしやすい（54％）」と内向き志向が明らかです。留学意識は韓国がトップであり、日本に半年留学したら次の半年はアメリカへ、という韓国人学生が普通にいます。研究能力、世界でのチャレンジングな経験とそれによる成長、いずれも日本は世界基準から落ちつつあります。

（3）各国の外国人受入れ政策

さらに世界の元気な国々と日本が大きく異なる点があります。それは自国に外国人を戦略的に入れて自国を発展させようという姿勢です。カナダは1971年に世界で初めて多文化主義を国策として採用しました。多文化主義とは、民族・文化・階層等が異なっていても、異なる他者を尊重し共存していこうという考え方で、元からある「大多数」に「新たに来た少数」をまとめようとする同化主義の逆です。ドイツは2005年、韓国は2007年に外国からの移民を受け入れて社会に統合させるための重要な法律を制定しました。台湾は2060年代に訪れる深刻な「超高齢社会」への対応のために1992年には本格的な外国人受入れに国の舵を切りました。今、それら諸国は法律等に則って外国人を積極的に受入れ、自国の言語を指導し、外国人と自国社会とのつながりを構築しようと努力しています。それぞれ問題は抱えつつも、自国民だけでなく外国からの移民との共生を目指し、そのうえで自国の発展を模索しているのです。上記のように2060年には高齢化率40％という危機的な社会到来が予測されながら、ようやく2018年になって外国人労働者受入れの取組を始めた日本とそれら諸国とでは、巨大な差があります。いわば、人が大きく自国を出入りする真の意味でのグローバル化に挑戦しているか、自国に閉じこもって様子をうかがっているかの違いです。

このような状況を、皆さんは知っているでしょうか？　日本のメディアなど皆さんの身近にあり頼りやすい通常の情報源ばかりに囲まれていると、世界の中での日本のポジションの危うさを見誤ります。そして過去の栄光にすがって「未だに日本は世界の先進国」と根拠のない自信を持ってしまうのです。

［考えてみよう！］
ここで読み進めるのを止めて、少し考えてみましょう。理想は、じっくり話し合える友達がいるなら、その友達と一緒に考えてみることです。

Q：このような状況を知って、読者の皆さん、特に若い皆さんは今後どう考え、どう動くのでしょう？　他人事だと考え、傍観を決め込むのでしょうか？　何かしなければ！　と一歩、前に足を踏み出しますか？
A：

(4) メディアの悪影響

前に一歩踏み出すためには、十分な情報入手と知識の蓄積、そこから何をすべきかという判断が必要です。この本を手に取っている皆さんは、前の節に載っていた現代日本の危機的な情報をどこかで得ていたでしょうか。皆さんの未来に深く関わるこれらの情報は、テレビ、新聞そしてネットといったメディアで頻繁に伝達されてきたとは言えません。筆者が勤める大学で1年生を対象にした授業でこれらの情報を話す場合も、8割以上の学生が「初耳」という状況です。逆に以下のような言説はよく耳に、目にするのではないでしょうか。

「外国人労働者など移民を大量に受け入れたら犯罪が激増し、安全な日本が壊れてしまう！　また、日本の伝統文化が滅びる！」
「移民は貧しい国から来た能力の低い人たちで、日本の厄介者になっていくに過ぎない。」

「日本人は勤勉、優秀な民族であり、世界の人々から尊敬されている。」

これら、移民への危機感・侮蔑感を増幅させ、日本人を安易な自己満足に陥らせる言説は枚挙にいとまがありません。さまざまな情報ソースの根底にあって頻繁に繰り返されるこれらの言説は、多くの日本人の「思い込み」となって行動を規定しています。

この本を手に取っている皆さんには、まず情報を疑うことから始めてもらいたいと思います。ネットなどのメディア、家族、学校、職場からのあらゆる情報を「本当か？」と疑ってください。そして他の情報源で調べてみてください。そして、次は考えてみましょう。間違えてもいいから考えてみること、時には知り合いにも質問をふって答えを聞くこと、それを続けていきましょう。複数の情報源から情報を得ようとせず何も考えようとしない人とは確実に、差がついていきます。

2　多文化共生、多様性による日本の活性化

(1)「人手不足だから外国人労働者を受け入れる」は間違い

最初の節で述べたように、日本の深刻な危機の一つは少子高齢化による人手不足です。２０１７年の企業倒産の最も多い理由は「人手不足」でした。

「じゃあ、人が足りないなら外人[1]を入れて働かせよう。」上記のような状況を受けて多くの日本企業が考えたのがこの発想でした。60年ほど前、同じように考えた国がありました。旧・西ドイツです。第二次大戦の敗戦により多

くの若者が戦死した西ドイツでは復興後に深刻な人手不足に陥りました。そこで労働者としてトルコなどから大量に移民を受け入れたのです。「数年働いて金を稼いだら帰るだろう」、西ドイツの人々は安易にそう考えていました。しかし、実際にはトルコ人達は定住し始めました。国として新たな労働者受入れを止めても、移民は家族を呼び寄せてさらに定住が進みました。ドイツ同様に移民受入れが盛んなスイスの作家マックス・フリッシュが半世紀前に述べた有名な言葉があります。

「我々は労働者を呼んだが、やってきたのは人間だった。」

移民は人手不足補完のロボットではないのです。希望も感情も能力も将来ビジョンも持った一個の人間を受け入れていく。移民受入れはそのような事業です。

では単なる労働力補完でうまくいかないのなら、どうして移民を受け入れるのでしょう？　世界で「日本は将来の人手不足が確実視されながら本格的な移民受入れをしない唯一の先進国」と言われています。つまり、他の先進国は積極的に移民受入れを進めているということです。上記の西ドイツのような例もありながら、どうして世界各国は移民受入れを進めるのでしょうか？もう一つ、考えてみましょう。

Q：世界最大の移民国家と言われるアメリカ合衆国（以下、米国）は、どうして建国以来約２５０年、発展が止まらないのでしょうか？

A：

(2) 米国の成長持続エネルギー源

2008年に米国で移民受入れの現場を調査した時、上記の質問「どうして米国はずっと強いままなのか?」に対して関係者が異口同音に答えた言葉があります。「Diversity＝多様性」です。彼らは心から、多様性の力を信じきっていました。

多様性とは、様々な文化・人種・性別・年齢・障害の有無などの相違点を認めたうえで、それを共存させるという考え方です。一歩進めて、共存しながら全体の発展のために協働するという、よりプラスの見方もあります。17世紀、ネイティブ・アメリカンが住む大地に、宗教家、食い詰めた農民、新天地に将来を託した家族、犯罪者などが移住してきました。様々な混乱と葛藤、時には殺し合いを経て社会が形づくられ、法律が整備され、次第に世界の新たな勢力として台頭していきました。その過程で米国は、より多くの移民を受け入れてさらに多様性を増し、現代では経済・政治・軍事・文化・スポーツなど多方面で「超大国」の地位を維持しています。もっとも2017年に始まったトランプ大統領の「移民管理強化」の姿勢が、上記の米国の深い意味での成長力を阻害する結果になろうとしていますが。

ひるがえって日本は「単一性」を成長の原動力として発展してきた国です。同じ顔、同じ背格好、同じ思考回路、同じ行動様式。売れる商品も政治的嗜好も結婚観なども予想しやすく、その方向に沿って大量生産・大量消費・集団行動がなされてきました。特に「いつか欧米諸国に追いつき追い越すんだ」という希望と、それをベースにした全員一致・全力での労働姿勢と我慢の生活態度が1950〜60年代の高度経済成長とその後の発展を現出しました。

しかし90年代初頭のバブル崩壊以降、日本は本格的な浮揚を一度も経験していません。アベノミクスによる「戦後最長の景気」も現状維持の範囲を越えず、将来の明るい希望を見いだせるものではありません。むしろ「本格的な国力衰退」への危機感を、多くの日本人がうっすら感じ始めているのが現状です。

(3) 移民の力

皆さんは今、世界を席巻している「GAFA」[2]のリーダーのほとんどが外国に由来を持っているのを知っていますか。スティーブ・ジョブズ(Apple)はシリアからの留学生の子供であり養子としてジョブズ家に入りました。セルゲイ・ブリン(Googleの共同創業者)はロシア移民二世であり、エドゥアルド・サブリン(Facebookの共同創業者)はブラジル移民、ジェフ・ベゾス(Amazon)の義理の父親はキューバ移民です。また、映画『ボヘミアン・ラプソディ』で再脚光を浴びたフレディ・マーキュリー(Queen)[3]はインドのゾロアスター教徒の子供であり、タンザニアで生まれ、インドで育ち、英国に落ちつきました。これらは単なる偶然でしょうか? あの米国でも、既存の白人エリートの枠組みからはこれほどのイノベーターはあまり生み出せていません。マーキュリー達は通常エリートからの蔑視を感じ、それへの反発をバネに自らの創造性・感性・バイタリティーを武器に、ゼロから巨大産業や成功を創出していきました。日本でいえば孫正義(ソフトバンク)でしょうか。彼も韓国にルーツを持つ人であり、日本社会からの疎外・蔑視の目に強い反発を覚えながら成長し、世界の大企業、トヨタ等が提携を依頼するほどの巨大企業グループを形成するに至りました。

「移民を受け入れると日本人の仕事が奪われる」「移民は日本で稼いだ金を母国に送金するばかりで消費しないから日本経済にマイナスだ」という意見を聞いたことがないでしょうか。移民受入れは本当に経済的にマイナスなのかどうか。実はこの問題に関しては世界の一流経済学者の間でも意見が分かれています。米国・テキサス工科大学経済学教授のベンジャミン・パウエルの『移民の経済学』(パウエル 2016)は対立する両派の立場を丁寧に説明した本です。そのうえでパウエルは最後に以下のようにまとめています。

現行の移民水準、またはそれを少し上昇させたとしても、その影響を心配することは誤っているように思われ

る。移民拡大は世界の所得を増加させるだろう。（パウエル 2016: 307）

世界に目を転じてみれば、難民で苦境に立たされている欧州ですが、移民受入れに関しては現在および将来の体制維持に欠かせないと続けており、人口に占める移民比率が10％を超える国が多くあります。２０１７年データではスウェーデン18・０％、ドイツ15・５％、英国14・２％などです。また、カナダは元からケベックというフランス語圏を国内に持ち、多様性に配慮せざるを得ない国内事情がありましたが、それを逆利用してアジア諸国から経済力・才能・将来性を持った多くの高度外国人材を受け入れて国全体の活性化につなげています。

（４）今後の日本発展のキーポイント

米国発展の基礎となった「移民受入れによる多様性の本格導入」は、これからの日本発展の重要なキーポイントになりえます。

閉塞している日本社会への移民受入れによる多様性の導入 ↓ 元気な移民たちの新たな発想と行動様式による日本の現状打破 ↓ 明るく強い新たな日本の創造

へとつなげていく可能性があるのです。もちろん、同時にＡＩ、ビッグデータなど最先端分野の有効な導入、そして女性や障がい者等の活用のための抜本的な意識改革等を進めていく必要があります。現状ではそれら目に見える発展の方向性に「移民受入れによる多様性導入」が全く入っておらず、単なる「労働力補完の数合わせ」と見られています。

読者の皆さんには、「移民の力」が日本に多くの発展の機会をもたらすことを知ってほしいと思います。もちろん混乱ももたらすでしょう。異文化接触の失敗による葛藤、言葉が思うように通じないもどかしさ等を皆さん自身も体験するでしょう。また、肉体労働・単純労働など一部の職種については、今よりも仕事に就くのが困難になる可能性もあります。つまり、現状の「安定」とは離れることになるのです。

しかし発展のない「安定」は衰退しかもたらしません。最強を誇ったローマ帝国がその後の安逸な安定を求める中で自壊し滅亡していったように。「混乱」がどれだけ大きくなるかは、どれだけ多くの日本人が、自分たちの仲間として移民の立場を尊重し、日本人との共存がしやすい妥当な「移民受入れ体制」をどれだけ真剣に日本国内に構築するかにかかっています。皆さん自身が異文化理解のトレーニングを積み、外国にルーツを持つ隣人に「やさしい日本語」でトラブルの原因を説明できるようになっていってください。彼らは「やさしい日本語」なら理解できます。ただし、そうしていくには、皆さんの知識・能力、何より彼らを受入れる意識が非常に重要になっていくでしょう。また、移民の増加により、危惧されているような急速な犯罪の増加は生じないでしょう。日本に住む外国人の犯罪検挙件数も検挙人数も２００８年から現在まで長期下落傾向にあるのですから。もっとも、日本人側の受入れ意識が低いまま移民の受入れ急増が進んだ場合、移民たちの孤立感・混乱・アイデンティティ崩壊などを誘発し、それにより犯罪が増加する可能性はありえます。それほどまで、受入れ意識は重要です。

（5）外国由来の住民

日本では「移民」という用語そのものにネガティブなイメージを持つ人が多くいます。そのイメージを覆すために、本章ではあえてこれまで「移民」という用語を使用してきました。しかしこの後は「移民」ではなく、「外国由来の住民／子供達」という用語を用いることにします。この用語には、「留学終了後に日本で働きだし日本人と結婚した人」も、「日本人の両親から生まれた日本国籍の人だが、外国で生まれ日本語を母語とせず日本語学習が必要な人」も「韓国・朝鮮籍だが日本語が母語の在日韓国・朝鮮の人」なども含みます。

3　多文化共生に関する基本法の整備

(1) 今の日本に優秀な人は来るのか

スティーブ・ジョブズのシリア人の父親は、自分の将来の発展を夢見て米国に留学しました。彼自身はともかく彼の息子は世界を変え、歴史に残りました。さて、今の日本はジョブズの父親のような人物が自分と家族の成功を夢見て留学や移住してくるような国なのでしょうか？　教育、労働環境、医療の面で見ていきましょう。

外国由来の子供への教育

まず子供の教育の面でジョブズの父親は日本を選ばないでしょう。「外国由来の子供」への日本の教育の悲惨さを知っているでしょうか。

Q：外国由来の子供に対する日本の教育には、どのような問題があるのでしょうか？

［ヒント！］①皆さんの小・中・高校のクラスに外国由来のクラスメートはいませんでしたか？　その友達がどんな様子だったか思い出してください。

②Googleで「外国籍生徒　高校進学率」と入れて、ヒットした記事を読んでみてください。

A：

大人に対する日本語教育も全く不十分ですが、子供には大人よりはるかに厳しい現実があります。「学習日本語の早急な習得の必要性」と「高校受験」です。

数十年日本に住んでも読み・書きは初級レベルという外国由来の大人は非常に多くいます。会話は中級レベルに達しているのですが、複雑な漢字交じりの文を読む、書くのは困難です。逆に言えば、彼らはその状態でもそれほど困っていません。それで何とか仕事はでき、何らかの方法で生きていけるのです。ところが、三角形は知っているが「二等辺三角形」や「内角の和」を知らない中学生、お米という単語は知っているが「穀物」を知らない中学生が高いレベルの高校に入れるでしょうか？「内角の和」などの用語は、小中高校での勉強を続けていくために必要な「学習日本語」とされ、日常のやりとりができれば十分とされる「生活日本語」と区別されます。そして「学習日本語」の習得には7〜9年が必要とされると言われています。その習得には、生活日本語よりはるかに多くの「時間」と「モチベーション」と「才能」が求められるのです。その習得に非常に多くの外国由来の子供が失敗し、高校進学を断念もしくは想定すらできないでいます。それに加えて日本の子供による深刻な「いじめ」もあります。その結果、全体で95％を超える現在の日本人の高校進学率の中で、外国由来の生徒の進学率は50％ほどと言われています。残り50％の中卒の外国由来の子供たちに明るい将来は待っているでしょうか？　また、２０１９年9月に文科省が不就学になっている外国籍児童の調査を行いましたが、調査対象全体の15・8％にあたる1万9６５４人が不就学になっていると発表しました。6人に1人強が不就学という事実も驚異ですが、今まで文科省が真剣にこの調査に取り組んでこなかったということ自体が、いかに彼らがこの問題に関心がなかったかの現れです。

一時期、東京近辺を震撼させた半グレの暴力集団「怒羅権（ドラゴン）」は、子供のころからイジメられ、学習日本語の未習得もあって中学をドロップアウトした中国帰国者の子供たち（主に）が集まって作りあげました。現状の外国由来の子供への教育体制では、全国に第二、第三の「怒羅権」を生み出すことになります。そのような国に、自らと自分の子供の成功を信じて移住してくる優秀な人などいません。将来性があるがまだ豊かではなく実績もない、しかしバイタリティーは十分という若い外国人が、日本の公立の小中高校の実情と教育内容をつぶさに見て「あぁ、これなら将来の自分の子供を安心して預けてもいい」と思えるようにならなければなりません。そうでなければ「日本社会に多様性をもたらし、イノベーションを起こしてくれる若くて優秀な外国人材」は日本に来ません。

外国由来の労働者への対応

次に、2018年末の入管法改正（正確には「出入国管理及び難民認定法及び法務省設置法の一部を改正する法律」）により日本でも大きな話題になっている外国人労働者の受入れに関してですが、こちらにも多くの問題があります。すでに多くの報道がなされていますが、特に技能実習生[4]に対する日本企業による搾取の問題です。技能実習制度の主旨は国際貢献であり、発展途上国の若者を日本の会社等に受け入れて日本語や技能を指導し、将来的に帰国させて出身国の発展に寄与させようというものです。しかし実態は、人手不足で悩む会社が低賃金・粗悪な環境で単純労働者として働かせるケースが後を絶たず、国際的には「現代の奴隷制度」と批判されています。技能実習生として来日した東南アジアなどからの若者の多くが、ルール無視の過酷な就業環境下で肉体的・精神的に病んでいます。単一性に凝り固まった日本人社員による疎外・蔑視さらに虐めにより、心を病み、自ら命を絶った外国由来の若者もいます。また、労働災害で指や手などを切断されながら、ほんのわずかな金を渡されて強制帰国させられた人もいます。上記のような被害に遭っている外国由来の労働者が助けを求められる駆け込み寺（松本市多文化共生プラザ等[5]）も全国で整備されつつありますが、本当に困っている外国由来の若者にはそのような社会的資源の情報が届いていません。

もちろん、技能実習制度のルールを遵守し、外国由来の若者の成長も考えつつ自社の経営を考えている優れた企業も多くあります。しかし、上述したルール無視の企業がつけこむ余地が技能実習制度そのものに存在しています。

その是正もあって入管法が改正されたのですが、新たに設けられた在留資格「特定技能1号」も現行の技能実習制度の枠組みの修正・延長を基本にしており、韓国で行われている「雇用許可制」のような、政府が外国人労働者の受入れに直接関与する仕組とは大きな差異があります。まだまだ、ルール無視の企業がつけこむ余地があるのです。

このように、外国由来の若者を搾取しようとする企業があり、その状況を知らずに過ごしているか、知っても無関心を決め込む日本社会の現状では、ジョブズの父親のような「若い優秀な人材」だけでなく「若い単純労働者」も日本に来ません。韓国や台湾、シンガポールに行くでしょう。もはや、「人が足りないなら外人を入れて働かせよう」すら成り立たなくなっているのです。

外国由来の住民への医療制度

次に医療に目をむけてみましょう。こちらでも深刻な現状は変わりません。

日本語が不十分で、さらに受入れた会社の怠慢により健康診断などを受けてこなかったペルーの若者が、病状が深刻になってから病院に担ぎ込まれたとします。病院には英語はできてもスペイン語の医療用語に通じている医師・看護師はほぼ皆無です。患者は元から日本語能力が低いうえに非常に悪い体調では、やさしい日本語も使えず、スペイン語で現状を訴えることしかできません。この状況で必要となるのは、日本語とスペイン語の双方で上級以上の言語能力を持ち、さらに日本の医療用語と医療知識を持った人材ですが、果たして、そのような人がそこにいるでしょうか？

筆者が代表を務める多文化共生のNPO法人CTN[6]は、医療現場から上記のような相談を受けることがあります。状況が状況だけに、医療の専門性はなくてもスペイン語と日本語の双方に通じている人材を必死に探します。ところが、この大変な仕事を緊急で担う人に対して「通訳謝金」の保証は、ないのです。最悪の場合、緊急で呼び出され、人道的義侠心から引き受け、数日、場合によっては数週間にわたって非常に困難で精神的にも厳しい通訳を担当し、あげくは交通費のみ支給、ほぼ無償で終わるケースすらありえます。こんな仕事を誰が二度と引き受けるでしょうか？　誰が喜んで「医療通訳」の勉強に何年間も大金を払って取り組むでしょうか？

医療機関側も疲弊しています。もはや外国人の診療を、表向きはともかく、実質的には拒否する大規模医療機関があるのが現状です。とはいえ、現行の仕組では医療機関側を責めることも筋違いです。昨今の急速な外国人観光客受入れ拡大により、外国由来の住民だけでなく外国人観光客が病院に担ぎ込まれるケースも急増しています。それらに多くの医療機関は必死に対応しています。もはや、医療機関レベルでも自治体レベルでもなく、より大きな「国レベルでの外国由来の人向けの医療制度構築」が求められているのです。それがない現状では、やはり外国人は日本を目指しません。

(2) 基本法の整備

外国由来の子供への教育には文部科学省が、労働者の状況改善と医療通訳の問題には厚生労働省が深く関わります。また、ＥＰＡ（経済連携協定）に基づいた外国由来の労働者受入れであれば外務省が、さらに外国人の受入れ・在留管理というスタート地点には法務省が関わります。

ざっとみただけで、外国由来の住民の立場を尊重し、日本人との共存がしやすい「受入れ体制」の構築には、上記のような複数の省庁が深く連携しつつ、責任を持って仕事を進める体制作りが必要です。それにはまず、多くの移民受入れ先進国で長い議論の上に整備された「外国人の受入れに関する根本的な法律」、日本で言えば「基本法」の制定が必要になります。そのうえで、その基本法による「多文化共生推進に係る新たな省」の位置づけが必要になってきます。

Q：基本法とはどのようなものでしょうか？　基本法は他の法律とどのように違うのでしょうか？
［ヒント！］①検索サイトや法律関係の事典で調べてみましょう。
②日本には、教育基本法、公害対策基本法、原子力基本法などの基本法があります。
A：

参議院法制局ホームページの「参議院法制局法制執務コラム」によれば、基本法は

一般的には、基本法とは、国政に重要なウェイトを占める分野について国の制度、政策、対策に関する基本方針・原則・準則・大綱を明示したものであるといわれています。（中略）基本法の目的、内容等に適合するような形で、さまざまな行政諸施策が遂行されることになります。すなわち、基本法は、それぞれの行政分野において、いわば「親法」として優越的な地位をもち、当該分野の施策の方向付けを行い、他の法律や行政を指導・誘導する役割を果たしているわけです。

とされています。

韓国は2007年に在韓外国人処遇基本法という基本法を制定しており、ドイツ・豪州・カナダなどの移民受入れ先進国は、長い時間・議論をしたうえで多文化主義や移民受入れに関する法律を整備し、それをもとに国策として移民の受入れを進めています。

ひるがえって日本では、移民受入れを首相が未だに否定している状況下で急速な外国由来の住民の受入れ・定住が進んでおり、この事象に関連する法律は2018年に改正された入管法、2019年に制定された日本語教育推

進法等ごくわずかしかありません。非常にいびつな形で状況が進行しているわけです。本章第3節（1）「今の日本に優秀な人は来るのか」で示した三つの深刻な問題に、法律に裏づけられた政策や組織で対応していくことができないのです。このままでは、さらに多くの深刻な問題が生じてくるでしょう。今後の日本の発展を多文化共生面からも真剣に考えるのなら、韓国、ドイツなどと同様に、日本でも国民すべてを巻き込んだ真剣な議論をしたうえで、「多文化共生に関する基本法」の制定を進めることが不可欠ではないでしょうか。

大事なポイントは、この議論は、中高年層やその上の高齢者層が中心になるのではなく、若い皆さんが徹底して話し合うことです。今後、この国で数十年にわたって生きていき、基本法の制定という決定により自分の将来を左右される若い皆さんが真剣に議論し、考えたうえで意志を固めていくしかないでしょう。英国で2016年に行われた「EUへの残留か離脱かを問う国民投票」では、残留を希望していたが投票しなかった多くの若年層が、その後痛烈な後悔の念を持ち続けています。「どうして私はあの時、投票に行かなかったんだろう？」と。その後の英国政治の混乱ぶりは皆さんもご存じでしょう。日本でも若い皆さんこそが、外国由来の人と共に作る日本社会を目指すかどうかという意志を決定する場に、投票という形で深く参画してほしいと思います。

その意思表示の場は、基本法がどのような形で提案されてくるかによりますが、おそらく衆議院選挙になるでしょう。2005年の小泉政権による「郵政選挙」等と同様に「何らかの争点を持って戦う衆議院選挙」の場が今後の日本の将来を左右する基本法整備の可否を決定する場としてふさわしいと思います。その時には日本中を巻き込んでの大きな議論になり、賛成の人も反対の人も真剣にこの問題について話しあい、そのうえで投票に行くことになるでしょう。たとえ「制定しない」という結果が出たとしても、一般の日本の人が真剣に考えて投票すること自体に大きな意味があります。

今まで多くの日本人は、外国由来の住民について「フタをして見ないでおこう」という姿勢でやり過ごしてきました。すでに建設、小売り、農業、介護などの現場をみれば、外国由来の人がいなければ日本社会は動かないという状況になっているにも関わらず、その姿勢には変化が見られません。根底に「多文化共生意識の欠如」があると考えます。「日本は日本人だけによる国」という意識が強すぎ、「日本人と異なる外国由来の人や様々な背景を持った人達と一緒に日本社会を作っていこう」という意識が育っていません。上記の「基本法制定という争点を持って戦う衆議院選挙」は、この多文化共生意識について否応なく考えさせる貴重な機会になるでしょう。

（3）関連法と新しい「省」

基本法制定という意向が日本人の大多数を占めれば基本法が成立します。次には実務につながる関連法が続々とできます。そして、その実務の中心となるのは新たな「省」である多文化共生省（仮名）です。多文化共生施策においては、多文化共生省が現行の省庁と深く連携しつつ問題の改善に取り組んでいくことになるでしょう。

4　自分の手で強い日本を持続＝多文化共生の勉強を！

（1）多文化共生の勉強はできたか

何度か繰り返し尋ねたことですが、皆さんは「今の日本」ではなく「今の世界」で起きていること（中国の研究力、ドイツ等の移民政策、世界の移民に関する法律等）を知っていたでしょうか？　日本の情報ソースだけでなく、広く世界に向けてアンテナを立てていたでしょうか？　ラグビーW杯２０１９の報道でしばしば見られたように「世界の人が日本人をリスペクトしている！」のような報道ばかり心に残ったりしなかったでしょうか？　一部のスマホ・ニュース・アプリは、皆さんが繰り返し喜んで読んだ記事をベースにＡＩが「この人はおそらくこのニュースも喜ぶだろう」「おそらくリストにこのニュースを提示しても選択しないだろう」と、「社会的重要性」ではなく「皆さんの嗜好」を元にニュース・リストを作成します。それらのアプリをしょっちゅう見て「自分は幅広い情報を得ている」等と考えていたら笑止です。ただ、新たにそれほど難しいことをする必要はありません。

①ネットでも紙媒体でもテレビ、ラジオでもいいので情報ソースを3つ決めてください。以下（1）～（3）の空欄に書きこんでください。（かなり重要）

（1）　　　（2）　　　（3）

②その3つのうち一日に最低2つにアクセスして情報を得るよう努力してください。

③得た情報をすぐに信用せずに頭の中にためておき、情報がたまってきたら「これは、どういうことなんだろう？」と少し立ち止まって考える、または信頼できる人と話してください。（最も重要!!）

④メール・電話による関係者への質問、ネットや図書館利用等によるさらに突っ込んだ情報の収集といった「自分からの行動」をしてください。

この繰り返しです。この章で書いてきた多文化共生の情報も、上記三つの情報ソースのうち一つと考えて、ぜひ他の本、テレビの解説者の話、論文、雑誌等から情報を得て、そのうえで「あの章の情報は信用できない！」「あの話はある程度は的を射ていたな」と考えてみてください。その繰り返しです。それが、衆議院選挙での投票といった「大きな判断が迫られる時」に生きてくるでしょう。

(2) 教えてくれなければ自分で学ぶ

2018年12月の入管法改正、2019年4月からの在留資格「特定技能1号」による外国人労働者受入れ開始という変化に伴い、多文化共生に関する報道はかなり増えました。以前は「日本経済新聞なら多文化共生関係の報道が多いな」と選択する必要があったのですが、今はある程度どのメディアでも取り上げています。もちろん媒体によって論調は異なりますが。しかし、大学生に質問してみると多文化共生に関する知識が少なくて驚きます。おそらく、他分野の世界での知識も十分ではないでしょう。これは中・高校の教育内容も絡む大きな問題であり、日本の大学生と留学生に世界レベルの課題への意見等を聞くとその回答の質の差は明らかで、「日本の若い人は大丈夫かな？」と不安になります。中・高・大学の授業だけに頼るのではなく、上記のような方法で常にアンテナを広げ、考え、行動を起こし、自分で学んでいってください。

「外国由来の人を本格的に受入れて日本社会を共に創っていくのか」
「今まで同様に日本人のみをベースに、何らかの最先端の方法等を活用して日本の強さを維持する道を必死に探るのか」

今の日本社会を動かしている40～60代の人々が突き付けられないで済んだ上記のような問いに、若い皆さんは答えを選択し、回答しなければならなくなります。その時までに、自ら「外国人受入れ」「多文化共生」「移民政策」「世界の移民事情」等といった情報をネットという渦の中に探しに行き、溺れそうになりながらも信頼に足りそうな情報を多く収集し、スマホのメモにでもコピペし、少し息を整えてから自分の作ったメモを真剣に読み直し、間違ってもいい、「自分なりの考え」を持ってください。そうして、自分の中に「自分の考えのベース」を作っていってください。

(3) 皆さんが法律を作る、皆さんが外国由来の人の受入れ現場で働く

2019年現在、多文化共生に関わる基本法を作るという動きは日本社会全体の趨勢になっていません。一部の人が訴えているぐらいです。ただ、長野県は2020年制定の多文化共生推進指針に

「国への提言：多文化共生に係る基本法の制定」

を明記する予定です。阿部・長野県知事も同意したうえでのことです。長野県以外の、外国由来の住民が多数いる自治体の首長の多くも基本法制定を要望しており、決して簡単に政府が無視できる勢力ではありません。経済界でも、楽天の三木谷社長が代表理事を務める「新経済連盟」が2019年9月に

◇移民受入れを正面から位置付ける「移民基本法」を制定し、客観性・透明性を持った戦略的な受入れ・社会統合の枠組みを構築すべき。

◇国際的な人材獲得競争に打ち勝っていくため、官民双方での取り組みが必要。

との提言を政府あてに提出しました。

2019年以降のさらなる外国由来の労働者の増加により、子供の教育問題、労働搾取、医療通訳等の問題がさらに顕在化し、報道が増え、より多くの人が関心を持っていけば、基本法の制定はそれほど遠い未来のことではないでしょう。

その時に法律制定の意見提出の中心になるのは若い読者の皆さんです。今の中高年層が中心になってはいけませ

ん。皆さんが基本法を作っていくのです。基本法ができ、新たな省ができ、関連法ができ、日本語教育や日本社会の仕組みを外国由来の人にどのように指導し、その習得度をどう評価するかを考える機関、外国において政府主導で労働者を受け入れる施策を考える機関、労働者の搾取がないか調査する機関等が生まれてきます。そして現場で日本語を教えたり、外国人労働者にインタビューをしたり、医療通訳をしたりする人の雇用が生まれてきます。この本を読んでいる若い皆さんが、その頃に上記のような「多文化共生の最前線」で活躍していることを望みます。

または、若いころから身につけた世界範囲の知識、世界に散らばる優秀な若い友人のネットワーク、そしてバイタリティーと多少の語学力（最初は多少で十分）を元に、日本を飛び出して世界で活躍する人材、「あいつはスゴいな、日本人だそうだ」と世界の強者に評価され、その結果として日本社会に貢献する人材が出てくることも期待しています。そして、今のように「豊かでプライドが持てる社会」を、若い皆さんのお子さん達の代まで維持していってください。

Q：読み終わって、どう思っていますか？
A：①悔しい　②知らないことばっかり　③納得！

Q：①の方：日本の問題点ばかり書いてあって悔しかったのでしょうか？　ぜひ、「そんなことはない！」と反論してください。
②の方：これからも外国人受入れ、移民、多文化などのキーワードを頭に入れてテレビを見たりネットで読んだり調べたりしていってくださいね。
③の方：ぜひ、近くで行われている多文化共生や国際交流関係のイベント、祭り、シンポジウム等に足を運んでみてください。そしてそこに来ている人達に気楽に話しかけてください。世界が広がりますよ。

A：

Q：若い皆さん、隣の部屋に住んでいるのは台湾人、職場の一番の仲間は韓国人、二か月に1回はマレーシア出張といった生活が普通になる日はそう遠くありません。その日まで、意識面で自分を成長させるにはどうすればいいか、少し考えてみましょう。

A：

注

(1) 外人：「自分たち日本人とは違う、国の外から来た人」という、多くの日本人の意識の根底にある疎外・卑下意識がある言葉。それを可視化するために、ここでは意図的に使用。

(2) GAFA：2019年現在、世界をIT面でリードし、巨大な収益を生み出している四つの企業の頭文字。Google、Apple、Facebook、Amazon。

(3) Queen：1970~80年代に世界的人気を誇ったロック・バンド。

(4) 技能実習生：1993年に創設された制度により、日本の産業上の技能・技術・知識を開発途上国へ移転するために受入れられた海外の青壮年労働者。最長5年間在留可能。

(5) 松本市多文化共生プラザ：2012年に松本市が設置した多文化共生に関するワンストップ・サービス機関。松本市Mウイング3Fにある。外国由来の住民からの相談対応、松本市の国際化のためのイベント運営等を実施。NPO法人CTNが受託・運営している。

(6) CTN：2008年に発足したNPO法人。正式名称はCTN（中信多文化共生ネットワーク）。注（5）の松本市多文化共生プラザと松本市子供日本語教育センターという松本市の二つの多文化共生施設の受託運営、子供や大人向けの日本語教室運営、外国由来の住民の活躍の場提供など多岐にわたる活動を行っている。

参考文献・資料

春原憲一郎・井上洋・松岡洋子・足立祐子・塩原良和・野山広（2009）『移動労働者とその家族のための言語政策』ひつじ書房

高坂正堯（1981）『文明が衰亡するとき』新潮選書

厚生労働省（2015）『平成27年版厚生労働白書―人口減少社会を考える―』〈https://www.mhlw.go.jp/wp/hakusyo/kousei/15/dl/all.pdf〉（２０２０年1月6日参照）

文部科学省（2018）「平成30年版科学技術白書」〈http://www.mext.go.jp/b_menu/hakusho/html/hpaa201801/detail/1405921.htm〉（２０２０年1月6日参照）

日本経済新聞（２０１９年9月27日朝刊）「外国籍児1万9千人が不就学か　文科省、初の全国調査」〈https://www.nikkei.com/article/DGXMZO50308100X20C19A9CR8000/〉

日本経済新聞（２０１９年8月9日朝刊）「注目論文シェア、日本9位　「お家芸」の化学・物理低迷」〈https://www.nikkei.com/article/DGXMZO48446000Z00C19A8EA4000/?n_cid=SPTMG002〉

日本経済新聞（２０１８年12月31日朝刊）「先端技術研究、中国が8割で首位　ハイテク覇権に米警戒」〈https://www.nikkei.com/article/DGXMZO39587340Q8A231C1MM8000/〉

パウエル、ベンジャミン（藪下史郎監訳）（2016）『移民の経済学』東洋経済

参議院法制局法制執務コラム「基本法」（1999）〈https://houseikyoku.sangiin.go.jp/column/column023.htm〉（２０２０年1月6日参照）

佐藤友則（2014）『多文化共生　8つの質問』学文社

山脇啓造（2009）「多文化共生社会の形成に向けて」『移民政策研究Vol.1』

読売新聞（２０１９年6月26日朝刊）「海外留学興味なし、日本の高校生『内向き志向』」〈https://www.yomiuri.co.jp/kyoiku/kyoiku/news/20190626-OYT1T50232/〉

第9章　世界に挑め！——グローバル人材への道

古閑涼二

1　はじめに——「どうして英語ができないの？」

今から25年前の夏。大学生だった私は夏休みを利用して、東南アジアのマレーシアに一人旅立ちました。現地のマレー人一家にホームステイするために。場所はマレーシアとタイ国境にある田舎町。ヤシの木が生い茂る小さな家に1か月お世話になりました。

小さな子供たち4人を合わせた6人家族。地方公務員で決して豊かではない家庭でしたが、家族は心から暖かく迎えてくれました。初めて外国に出た私は、そこに言語、宗教、価値観、生活習慣、歴史観など日本とさまざまな違いがあることを知りました。

当時の私は全く英語ができず、現地の人たちとの会話は、「Yes」「Thank you」とあとは身振り手振りのジェスチャーのみ。伝えたいことはなんとか通じていましたが、不便さもまたありました。ただ、私は英語ができないことに対して、何も不思議と思っていませんでした。それは、日本人だから英語ができないのは仕方がない、という

1994年マレーシアのホストファミリーと（著者は左から二番目）

「自分の中の常識」が心の中にあったからです。

1か月のホームステイを終え、帰り支度をしている私にホストファミリーのお母さんが聞きました。「どうしてあなたは、英語ができないの？」と。お母さんは決して意地悪で聞いたのではなく、先進国の日本人、しかもこの国ではエリートとされる大学生が、どうして英語ができないのか不思議だったのです。私はその時の場面と感情は、今でも忘れません。猛烈に自分が恥ずかしく、情けない気持ちになりました。そして初めて、「自分が常識と思っていたことは、必ずしも常識ではない」ことに気づきました。

帰国の日。空港で家族との別れの挨拶を終え、ずっと手を振り続ける子供たちに応えながらトイレに駆け込みました。「人間、こんなに涙が出るのか」と思うほど涙が溢れ出しました。別れがつらい、寂しい、心からの暖かいおもてなし、ありがとう…。色々な感情が溢れ出たのです。そして、トイレの個室で自分自身に誓いました。またマレーシアに戻って来る！　まずは英語を勉強して、自分のこと、日本のこと、色んなことを伝えるようになりたい、と。

たった1か月間の体験でしたが、日本に戻った時に目の前のいつもの景色が変わって見えたのを覚えています。毎日を漫然と過ごしていた自分とも決別し、「英語を習得したい」という明確な目標が自分を変えました。大学に戻った私は、アルバイト費用のほとんどを英語学習に費やしました。「意識が変わると行動が変わる。行動が変わると習慣が変わる。習慣が変わると人格が変わる。人格が変わると運命が変わる」（米国哲学者、ウィリアム・ジェームズ）。その後のグローバル人材へ旅立つ、正のスパイラルが動き出したのです。

大学院に進んだ私はマレーシアの政治と民族問題を研究テーマにしました。大学院修了を迎えたとき、日本ではなく「自分が世界でどれだけ通用するか試してみたい」という抑えきれない思いが湧き出ました。そして修了後は、日本で就職という世間の「常識」を覆し、自分の心の声に従い、ボストンバッグ一つでマレーシアへと旅立つ決意をしました。

その後、20代の5年間はマレーシアで仕事をし、30歳で台湾に移り2年。上海で腰を据え15年。その間に東南アジア、中東のドバイ、ヨーロッパでも仕事をする機会を得て、海外キャリアは20年を超えることになりました。現在は、「Made in Japanを世界に」という使命の下、優れた日本の技術・商品を、アジアに輸出販売するＵＴＳというグループ会社を経営しています。上海を拠点に、日本と香港、東南アジアを飛び回る日々です。

この章のテーマは「世界に挑め！──グローバル人材への道」。世間では「グローバル化」「グローバル人材」が必要だと言われます。しかし、どうして必要なのでしょうか？　この安心安全の美しい国、日本で悠々自適に暮らしていけばいいじゃないか？　そう思う皆さんもいると思います。結論から言いましょう。やはり日本はグローバル化しなければならないし、グローバル人材になった方がよいです。その理由について、皆さんと一緒に考えていきたいと思います。

私は社会人生活20年の結果として、「グローバル人材」になりました。振り返れば、マレーシアのお母さんのあの一言。「どうして英語ができないの？」という言葉が全ての出発点でした。あれから20年。海外キャリアを通じて得た知識、経験、たくさんの海外の友人たちから学んだことがあります。それらを「グローバル化の必要性」「グローバル人材への道」「学生時代にすべきこと」の三点にまとめ、私の考えを伝えたいと思います。

私は一民間企業の経営者に過ぎず、学者ではありませんので、学術的な視点ではお伝えできませんが、リアルな海外ビジネスの現場から得た、絶対にグローバルに生きるべき、という思いを伝えられ、皆さんの今後の生き方の一つのヒントになれば最良の喜びです。

2　グローバル化の必要性

(1) グローバル化は必要か?

まず、グローバルという言葉について考えてみましょう。「グローバル化（Globalization)」とは、「広範囲化」という意味です。つまり地球規模で国境の垣根を超えるということ。IT技術や輸送手段の発展により政治的歴史的に定められた国境を超えて、ヒト・モノ・カネ・情報が需要に応じて移動する空間のことです。国や学校も「グローバル化が必要」と言っていますが、それは一体どうしてでしょうか?

皆さんの多くは日本に生まれ、日本に育って、今があると思います。日常生活で飢死することは考えられないし、わざわざ言葉が通じない、面倒も多そうな外国なんか行かなくても、別に不自由はない。「グローバル化が必要」と言われても、自分とは関係ない、どこか遠いところの話と感じる人も多いのではないでしょうか?

Q：グローバル化は必要だと思いますか？　そう思うのはなぜですか？
A：

グローバル化は必要か？　という問いの答えは、「絶対に必要である」と言い切れます。その理由は大きく分けて二つの理由から。一つ目はポジティブな理由で、グローバル化したほうが人も会社もチャンスが圧倒的に広がるから。二つ目はネガティブな理由で、グローバル化しなければ、人も会社も現在の生活水準（会社だと売上）が維持できなくなる可能性があるからです。

(2) 日本人はお金持ちか？

Q：日本人はお金持ちだと思いますか？　そう思うのはなぜですか？
A：

ほとんどの日本人は、自分のことをまあまあお金持ちだと思っているように見えます。日本では平均的かもしれないけど、世界の中ではかなり上。アジアから見ると、自分の生活レベルはトップクラスだろう、と。しかし、現実はそうではなくなっています。欧米から見ると下の方。中国や東南アジアでも、会社の部長クラスは日本人より年収は高くなって、コーヒー一杯を財布の中身と相談する日本人ビジネスマンと比べ、経済的にも精神的にも豊かになってきています。日本人はそうした事実を知りません。

グローバル化の必要性を考える前に「知る」という重要性を共有したいと思います。物事を深く考えるときには、

表9・1　名目GDP

名目GDP（IMF統計）　　単位：百万US$

2018年		
1	米国	20,580,250
2	中国	13,368,073
3	日本	4,971,767
4	ドイツ	3,951,340
5	イギリス	2,828,833
6	フランス	2,780,152
7	インド	2,718,732
8	イタリア	2,075,856
9	ブラジル	1,867,818
10	韓国	1,720,489
11	カナダ	1,712,479
12	ロシア	1,657,290
13	スペイン	1,427,533
14	オーストラリア	1,420,045
15	メキシコ	1,222,053
16	インドネシア	1,022,454
17	オランダ	914,519
18	サウジアラビア	786,522
19	トルコ	771,274
20	スイス	705,546
21	台湾	589,906
22	ポーランド	585,816
23	スウェーデン	556,073
24	ベルギー	532,268
25	アルゼンチン	519,487
26	タイ	504,928
27	オーストリア	456,166
28	イラン	446,105
29	ノルウェー	434,167
30	アラブ首長国連邦	414,179

出所：GLOBAL NOTEデータより筆者作成（https://www.globalnote.jp/post-1409.htm）（2019年10月25日参照）

まず客観的事実をさまざまな角度から検証すべきです。世界は今どうなっているのか？　その世界の中の日本はどうなっているのか？　客観的データを皆さんと見ていきましょう。

経済面で日本を見た場合、日本は国内総生産（ＧＤＰ）で世界3位です（表９・１）。２０１０年に中国に抜かれるまで長い間、米国に次ぐ2位でした。戦後焼け野原になり、ゼロから再スタートした日本でしたが、現在60～70歳代の、皆さんの祖父母世代が戦後日本の経済を必死で立て直してくれました。特に自動車や家電を中心とする「Made in Japan」のモノ作りは、世界中で確固たる日本ブランドを確立しました。その結果、高度経済成長を実現し、極東の小さな島国が世界でもトップクラスの経済的成功を実現しました。

ただ、その後今から30年近く前にバブル経済が弾け、経済成長は急停止し、その後の経済成長は横ばいです。現在では1位と2位の米国・中国と日本との差は開くばかりで、両国との差は米国で4倍、中国で3倍まで広げられています。日本人の平均給料も経済成長の伸びと比例し、右肩上がりだったのが、ジリジリと後退。統計ではこの20年で平均給与は１９９７年の平均年収４１８万円をピークに、平均３６７万円に減っているというデータもあります（図９・１）。

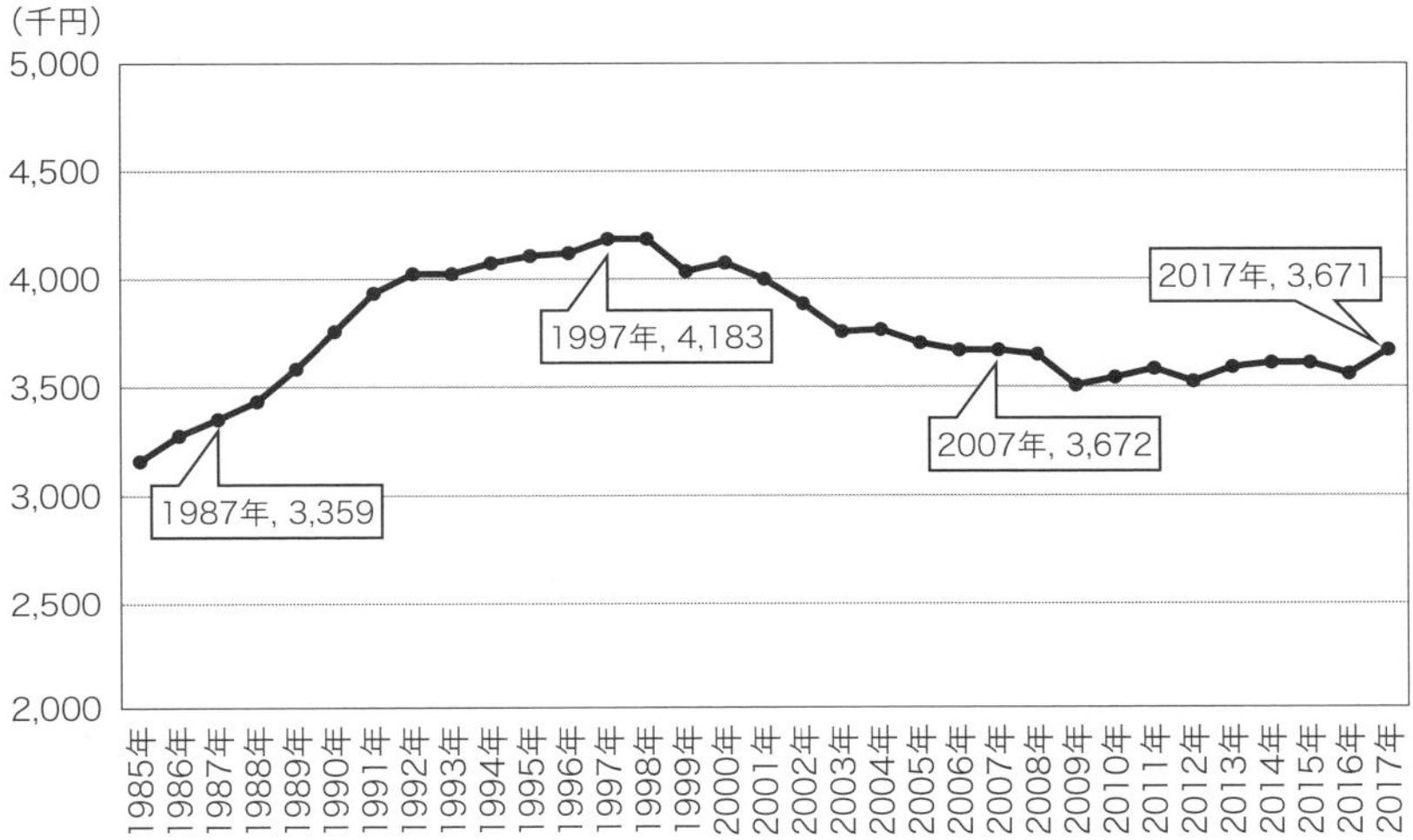

出所：国税庁「民間給与実態統計調査」データより筆者作成
(https://www.nta.go.jp/publication/statistics/kokuzeicho/jikeiretsu/01_02.htm)(2019年10月25日参照)

図9・1　日本の平均給与推移

表9・2　1人当たり名目GDP

1人当たりの名目(IMF統計)　　単位：US$

2000年			2005年			2010年			2015年			2017年			2018年		
1	ルクセンブルク	49,183	1	ルクセンブルク	81,048	1	ルクセンブルク	106,177	1	ルクセンブルク	101,665	1	ルクセンブルク	105,725	1	ルクセンブルク	115,536
2	日本	38,536	2	ノルウェー	66,688	2	ノルウェー	87,356	2	スイス	82,511	2	スイス	80,764	2	スイス	83,162
3	ノルウェー	38,048	3	アイスランド	57,268	3	スイス	74,885	3	ノルウェー	74,115	3	マカオ	77,415	3	マカオ	81,728
4	スイス	37,993	4	スイス	55,114	4	カタール	72,953	4	マカオ	70,133	4	ノルウェー	75,307	4	ノルウェー	81,550
5	米国	36,318	5	カタール	54,229	5	サンマリノ	60,426	5	カタール	66,347	5	アイスランド	72,283	5	アイルランド	78,335
6	アラブ首長国連邦	34,689	6	アイルランド	50,442	6	デンマーク	58,177	6	アイルランド	61,791	6	アイルランド	69,463	6	アイスランド	74,515
7	アイスランド	32,265	7	デンマーク	48,872	7	オーストラリア	56,454	7	米国	56,787	7	カタール	62,826	7	カタール	70,379
8	デンマーク	30,799	8	米国	44,026	8	スウェーデン	52,607	8	シンガポール	55,646	8	シンガポール	60,297	8	シンガポール	64,579
9	カタール	29,914	9	アラブ首長国連邦	43,989	9	オランダ	51,166	9	デンマーク	53,478	9	米国	60,000	9	米国	62,869
10	スウェーデン	29,421	10	スウェーデン	43,077	10	マカオ	50,921	10	アイスランド	52,838	10	デンマーク	57,380	10	デンマーク	60,897
11	イギリス	28,044	11	オランダ	42,055	11	アイルランド	48,709	11	オーストラリア	51,497	11	オーストラリア	55,974	11	オーストラリア	56,420
12	バハマ	26,669	12	イギリス	41,843	12	米国	48,403	12	スウェーデン	51,127	12	スウェーデン	53,412	12	スウェーデン	54,356
13	オランダ	26,328	13	フィンランド	39,076	13	カナダ	47,627	13	オランダ	45,303	13	オランダ	48,800	13	オランダ	53,228
14	アイルランド	26,157	14	オーストリア	38,451	14	シンガポール	47,237	14	イギリス	44,495	14	オーストリア	47,389	14	オーストリア	51,344
15	香港	25,574	15	日本	37,224	15	オーストリア	46,955	15	オーストリア	44,266	15	香港	46,096	15	フィンランド	49,738
16	オーストリア	24,636	16	ベルギー	37,118	16	フィンランド	46,388	16	カナダ	43,626	16	フィンランド	45,948	16	サンマリノ	48,948
17	フィンランド	24,347	17	カナダ	36,439	17	ベルギー	44,688	17	サンマリノ	43,069	17	サンマリノ	45,888	17	香港	48,451
18	カナダ	24,296	18	オーストラリア	36,151	18	日本	44,674	18	フィンランド	42,576	18	カナダ	45,217	18	ドイツ	47,662
19	ドイツ	23,925	19	フランス	36,057	19	アイスランド	43,081	19	香港	42,322	19	ドイツ	44,334	19	ベルギー	46,696
20	シンガポール	23,853	20	ドイツ	35,020	20	ドイツ	42,380	20	ドイツ	41,160	20	ベルギー	43,690	20	カナダ	46,290
21	ベルギー	23,303	21	イタリア	31,936	21	フランス	42,179	21	ベルギー	40,594	21	ニュージーランド	41,382	21	フランス	42,953
22	フランス	23,212	22	バハマ	30,269	22	イギリス	39,122	22	フランス	37,938	22	イスラエル	40,559	22	イギリス	42,580
23	イスラエル	21,038	23	シンガポール	29,961	23	イタリア	35,655	23	ニュージーランド	37,743	23	フランス	40,109	23	イスラエル	41,728
24	オーストラリア	20,852	24	ブルネイ	29,514	24	ブルネイ	35,437	24	アラブ首長国連邦	37,381	24	イギリス	39,977	24	ニュージーランド	41,205
25	アルバ	20,678	25	ニュージーランド	27,206	25	アラブ首長国連邦	35,064	25	イスラエル	35,791	25	日本	38,343	25	アラブ首長国連邦	39,709
26	ブルネイ	20,511	26	クウェート	27,015	26	ニュージーランド	33,222	26	日本	34,569	26	アラブ首長国連邦	37,252	26	日本	39,304
27	イタリア	20,117	27	香港	26,552	27	香港	32,422	27	バハマ	32,269	27	バハマ	32,629	27	イタリア	34,321
28	クウェート	17,013	28	スペイン	26,530	28	クウェート	32,216	28	ブルネイ	31,356	28	イタリア	32,195	28	韓国	33,320
29	プエルトリコ	16,192	29	キプロス	25,527	29	キプロス	31,260	29	イタリア	30,153	29	プエルトリコ	31,591	29	バハマ	32,997
30	台湾	14,877	30	マカオ	24,970	30	スペイン	30,801	30	プエルトリコ	29,755	30	韓国	31,577	30	プエルトリコ	31,603

出所：GLOBAL NOTEデータより筆者作成(https://www.globalnote.jp/post-1339.html)(2019年10月25日参照)

GDPは国全体では世界3位ですが一人当たりのGDPで見ると世界26位までランクを下げます。カジノ収入という特殊性からマカオを除くとアジアの中では1位シンガポール（全体8位）、2位香港（全体17位）で、日本は3位（全体26位）です。以前は世界で圧倒的裕福だった日本はジワジワと後退の道を辿っているのです（表9・2）。

小話①：シンガポール在住日本人の話

「シンガポール人で、日本人が金持ちって思っている人は誰もいないですよ！」と。そんなことはないだろう!?と思ったが、統計を見ると愕然。シンガポール人の一人当たりのGDPは6・5万ドル、日本人は3・9万ドル。いつの間にか2倍近く差が広がっている…。

小話②：上海在住日本人の話

上海で現地女性と結婚15年目を迎える友人。結婚当初は、奥さんの親戚一同から（裕福な）日本人と結婚して凄い！　これで一家安泰と大歓迎で迎え入れられたが、今では「日本人ってお金持ってないよね…」と言われる始末。日本人ステイタスはもう過去のものになったと嘆いている…。

日本の経済成長が止まった20年の間に、中国、台湾、香港、韓国、シンガポール、インドネシア、ベトナムなどのアジア諸国は大きく発展しました。世界中から莫大な量の資金が流れ、その結果、新しい産業が勃興し、地域が栄え、都市が発展。成長する都市は人を惹きつけ、経済活動が活発になり、それがさらに投資を呼ぶスパイラルを生み、高度経済成長を実現しました。

その結果、現地の人々の収入も激増。上海にある私の会社の社員給与は、この10年で3倍になり、日本以上に高いマンションや車を持つようになりました。現在、日本へのアジアを中心とする外国人観光客が急増していますが、その背景はアジア諸国の所得の伸びと、かつては物価が高くて手が届かなかった日本旅行が気軽に行けるようになったからです。彼らの多くは日本での観光や買い物、食事を楽しむ時、こう言うようになりました。「日本は街が清潔で、料理も美味しい、サービスも素晴らしい、そして何より安い！」と。

日本は、地震や台風といった自然災害はあるけれど、治安もいいし、安全だし、餓死もしないし、給与は上がらなくても、食べていくには困らないし、何とか今の生活を維持していければよい。そう過ごしてきた20年間で世界は大きく変わったのです。この変化は、大人も含めて最近のアジアの都市を見ていない人たちはイメージしにくいでしょう。

「茹でガエル現象」という言葉があります。いきなり熱湯に投げ込まれたカエルは熱くて飛び出しますが、徐々に水を温めていくと、変化に気づかずに、そのうちに茹で上がって死んでしまいます。人間は、すぐ近くまで危機が迫っていても、実際に痛みを感じないと、それを危機として認識できないのです。そのためには、「知る」ということに対して、主体的に取り組む必要があります。実際に外の世界を見て、五感で感じることが大切なのです。

(3) 2030年の未来予想図

2030年というと10年先です。変化のスピードが早い世の中、そんな先のことわかる訳がないし、考えても意味がないと思うかもしれません。確かにITやAIなどの技術革新は、今の私たちが想像できない未来を作るでしょうし、また人間がコントロールできない大地震や大型台風のような自然災害が発生するかもしれない。はたまた、映画「君の名は」であったように、ある日突然、巨大隕石が私たちの住む街に落ちてくるかもしれません。

だからといって、未来を予測することが無意味なのかというとそうではありません。現状の外部環境に自然災害や戦争のような特殊な変化がないという条件下で、確度の高い予測可能な経済指標があります。それは、「人口統計学」です。人口統計から世界と日本の現在と未来を見てみましょう（表9・3）。

表9・3　世界の人口動態

世界の人口動態（国連統計）　　単位：百万人

2018年			2030年			2050年		
	世界	7,631		世界	8,501		世界	9,725
1	中国	1,427	1	インド	1,528	1	インド	1,705
2	インド	1,352	2	中国	1,416	2	中国	1,348
3	米国	327	3	米国	356	3	ナイジェリア	399
4	インドネシア	267	4	インドネシア	295	4	米国	388
5	パキスタン	212	5	ナイジェリア	263	5	インドネシア	322
6	ブラジル	209	6	パキスタン	245	6	パキスタン	310
7	ナイジェリア	195	7	ブラジル	229	7	ブラジル	238
8	バングラデシュ	161	8	バングラデシュ	186	8	バングラデシュ	202
9	ロシア	145	9	メキシコ	148	9	コンゴ	195
10	日本	127	10	ロシア	139	10	エチオピア	188
11	メキシコ	126	11	エチオピア	138	11	メキシコ	164
12	エチオピア	109	12	フィリピン	124	12	エジプト	151
13	フィリピン	106	13	コンゴ	120	13	フィリピン	148
14	エジプト	98	14	エジプト	117	14	タンザニア	137
15	ベトナム	95	15	日本	117	15	ロシア	129
16	コンゴ民主共和国	84	16	ベトナム	15	16	ベトナム	113
17	ドイツ	83	17	イラン	89	17	ウガンダ	102
18	トルコ	82	18	トルコ	88	18	日本	97
19	イラン	81	19	タンザニア	83	19	トルコ	96
20	タイ	69	20	ドイツ	79	20	ケニア	96

出所：筆者作成。データ源（2019年10月25日参照）：GLOBAL NOTE（https://www.globalnote.jp/post-1555.thml）；ファイナンシャルスターHP（https://finance-gfp.com/?p=142）

２０１８年の世界総人口は76億人で、日本は１億２７００万人。世界の人口比率で約70分の１しかないですが、世界約２００か国中第10位。面積は37万平方メートルで世界61位と大きな国ではないことを考えると、国別では人口は多い国といえます。

日本の過去の経済発展の大きな理由の一つは、この国内人口の多さと中間層の厚みにありました。製造業を中心とする企業が高品質、低価格、高スピードを実現し、政府主導の所得倍増計画の達成と、企業努力による大量生産・大量消費を実現したこと。また、強力な累進課税制度により所得の再分配が進み、世界に例を見ないほど所得格差が少なく、厚みを持つ中間層が国内に生まれました。１億３０００万人の人口と、分厚い中間層による国内市場が日本の最大の強みでした。つまり、日本は自国に大きな市場を持ち、高度経済成長の下、人口が増えている限りは国内市場で十分食べていける国だったのです。
日本の抱える最大の問題は、日本は２００８年の1億２８０３万人をピークに、少子高齢化で人口が急激に減少していくことです。２０１８年で1億２７００万人ですから、この10年間で１００万人減少したことになります。これは東北地方最大の都市、仙台市の人口がいなくなったほどのインパクトです。「人口＝市場」ですから、国内市場が急減することを意味しています。

それでは２０３０年の世界の人口動態を見てみましょう。世界の総人口は85億人と予測され、現在より9億人増えます。一方、日本は２０１８年の1億２７００万人から、さらに１０００万人減ります。２０５０年には人口減はさらに加速し、1億人を切り９７００万人になります。今後30年で、人口は18年比でなんと３０００万人も減少するのです。人口３０００万人というと、近畿地方の人口が２３００万人ですので、それ以上の人口が減少するということです。

また、人口全体よりも労働人口（15〜64歳）の減少に、より注目する必要があります。少子高齢化により労働人口は２０１８年の６６００万人から、２０３０年には６４００万人と２００万人以上減少していきます。人は収入があるから、支出しようと思います。単純化して言うと、お金がある人は使えるが、お金がない人は使えない、または使うのを控えます。労働人口が消費を大きく牽引しますので、労働人口の縮小により国内消費が一気に冷え込む可能性があります。労働人口の縮小→消費市場の縮小→企業の売上ダウン→給与のダウン→消費のダウンと、負のスパイラルが進む可能性があります。

経済開発協力機構（ＯＥＣＤ）の統計を見ると、２０１１年の日本の世界に占める市場規模は全体の7％でしたが、２０３０年には4％に半減すると予測されています。つまり、世界を見回したときに、①世界の人口は増加する一方、日本の人口は減少する。②アジア諸国の給与は上がるのに、日本は下がる。③消費人口である労働人口が減少する。その結果、市場パイ（市場全体の規模や、ある企業や製品が市場に占める割合。ここではその両方）が縮小する。たとえば社員100名の企業は70名ぐらいで足りるようになるし、企業が成長しにくいので給与も上がらないどころか、リストラが始まります。皆さんが社会で働く頃は、現在の生活水準の維持すら難しくなる可能性があるというのは、こういった理由からです。

では、労働人口減少をどう解決すればよいのでしょうか？

Q：労働人口減少をどう解決すればよいのでしょうか？

A：

解決方法は二つあると思います。一つは、国内の労働力不足を内側から解消すること。女性やシニアの社会的再活用と、外国人労働者の積極的な受け入れです。特に女性の活用については、世界的に日本は非常に遅れています。高等教育を受け、能力も高い女性がたくさんいるにも関わらず、さまざまな制度的問題などにより社会的活躍が制限されていることはこの国の大きな損失だと思います。

また、人口減少の中でもＡＩやロボットなどの技術革新で労働力を補い、付加価値を生み市場を維持していく方法も検討されています。ただ、この問題点は、経済水準の維持はできるかもしれませんが、それ以上の発展は難しいことです。ＡＩなどイノベーション型のテクノロジーは、米国や中国の巨額投資による研究開発が進んでおり、おそらく日本企業がこの分野で競争に勝つのは難しい。米国や中国の先端技術を国内に導入し、労働力不足を補い、経済水準をなんとか維持できるのが精一杯ではないでしょうか。

二つ目は、人口が減少する日本に対し、世界全体では人口が増加していることに着目し、人口比率が70倍の海外市場に打って出る方法です。こちらの方法がより現実的です。日本には長年培ってきた安心安全のモノ作りという技術力と、「Made in Japan」のブランド力がまだ生きています。特に化学・工学技術の基礎研究の蓄積や、勤勉で真面目な国民性は世界に誇る日本の強みです。

「市場（シジョウ）」という言葉があります。「イチバ」「マーケット」ですね。これまで日本企業は国内市場、海外市場と分けて考えてきました。国内市場が大きかったし、そこで企業は十分生きてこれました。しかし、その成功体験はもう捨て去るべきです。現在のＩＴ革命の進展、物流の発展により、ヒト・モノ・カネ・情報の移動が自由に敏速になりました。企業はグローバル化しないと、生きていけなくなる。個人もグローバル化しないと、生きていけなくなる。そんな時代に私たちは生きているのです。

皆さんは10年後の２０３０年の未来を想像して、今から準備する必要があります。

3　グローバル人材への道

(1) グローバル人材がなぜ必要とされるのか？

国や企業がグローバル化を必要としていることはイメージできたと思います。では、本題です。どうやったらグローバル人材になれるのか？　その必要要素とは？　グローバル人材について、皆さんと考えていきましょう。

Q：グローバル人材がなぜ必要とされるのでしょうか？

A：

「グローバル人材になると何が得なのですか？」学生さんを対象にしたセミナーで手が挙がる質問です。上記の通り、国や企業が持続的発展をしていくためにグローバル化は必要不可欠です。国や企業は人の集まりですので、必然的にそこに所属する人もグローバル人材が求められます。

先に誤解のないように言うと、皆さんの中には海外やグローバル人材なんかには興味がない、絶対嫌だという人も一定数いるでしょう。私は必ずしも皆さん全員がグローバル人材を目指さなくてもよいと思っています。グローバルを目指すか目指さないかは、一つの生き方、人生の選択肢であり、決して強制されるものではありません。

ただ、皆さんは現実として、資本主義社会で生きています。社会に出て働くときは否応なしに資本主義の原則の中で生きていかなければなりません。資本主義は市場原理、つまり「需給バランス」によって成り立ちます。需要があって、供給がある。皆さんが社会に出て働くときに直面する「労働市場」も同じ原則です。学校の先生や地方行政職員の公務員も一般の民間企業も同じ原則の中で生きていかなければなりません。国や多くの企業にグローバル人材の需要があります。需要に対して供給が追いついていないのですから、自ら「供給者」になった方が価値が出ます。需給バランスを自ら作り出すことで、仕事の選択のチャンスを広げることができるのです。

また仕事以外においても、グローバル人材になることで大きなメリットがあります。世界から見ると、日本語で得られる情報や人との出会いは非常に限られます。世界で使用されている言語を使用者の人口比率で言うと日本語は全体の2％未満だからです。もし英語や中国語、スペイン語などの国際語が使えれば、世界中の情報や人との出会いは格段に広がります。つまり仕事でもプライベートでも人生のチャンスが圧倒的に広がるのです（図9・2）。

日本人とか、中国人とか、アメリカ人とか、国籍という人為的な括りではなく、素敵な人か、一流の人か、人間として尊敬できるか、そういう人たちとの出会いが人生をとても豊かにしてくれます。私は20代で英語と中国語を習得しましたが、国際語ができたおかげで、どれだけ仕事の幅が広がったか、どれだけ知らない世界を知れたか、どれだけ尊敬できる人たちと出会えたか、計り知れません。外国語の習得が人生にもたらしてくれる効果は絶大で

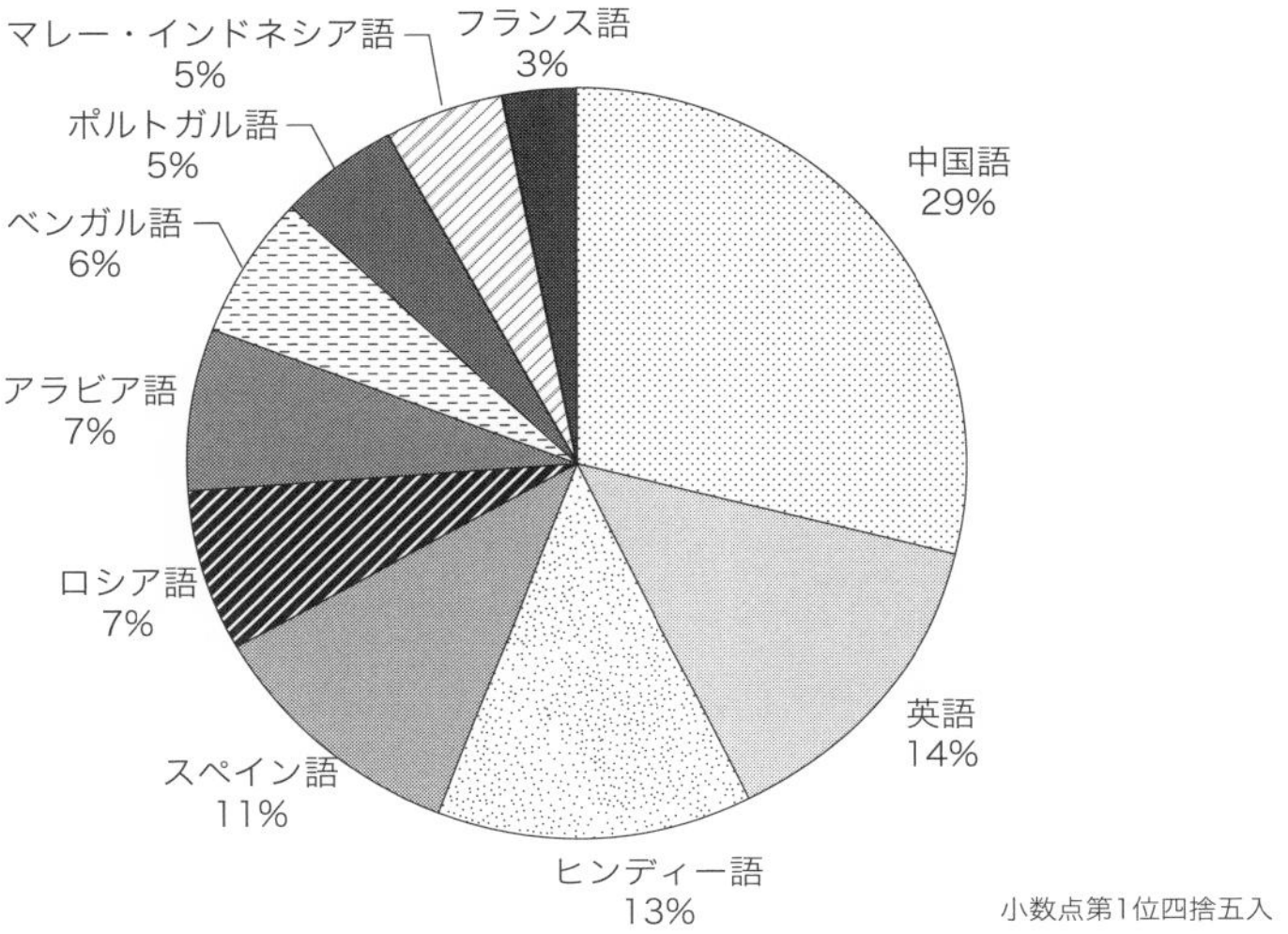

小数点第1位四捨五入

出所：筆者作成。データ源：文部科学省ホームページ
（http://www.mext.go.jp/b_menu/shingi/chukyo/chukyo3/004/siryo/attach/1379958.htm）（2019年10月25日参照）

図9・2　世界の言語別使用人口比率

すので、皆さんも興味のある外国語をしっかり習得されることをお勧めします。

(2) グローバル人材とは?

ここでまた皆さんに質問です。グローバル人材とは一体どんな人のことを言うのでしょうか?

Q：グローバル人材とはどんな人でしょうか?
A：

皆さんの答えの中には、「英語ができる人」「海外で活躍する人」などがあったかもしれません。これらの設問は、学校の勉強と違って明確な解答はありません。社会に出ると、答えのない問題ばかりです。自分の頭で考え、自分なりの答えを出す訓練を今のうちから習慣づけましょう。

私なりの答えはこうです。グローバル人材とは一言でいうと、『「個の力」を持ち、世界のどこでも活躍できる人』です。

では、「個の力」とは何でしょうか？　海外では組織より、その人の「人物」を観られます。つまり、その人がどこに所属しているかより、その人自身が何をできるかを。２０１０年南アフリカサッカーW杯試合前のインタビューで本田圭佑選手が、「チームの組織力も大事だが、選手自身の個の力をもっと上げないと世界では勝てない」と言っていました。その通りだと思います。○○会社の田中さん、○○大学の木村さんではなく、田中さんや木村さんという個人として、その人が何ができるのかで評価されます。

では、何ができるのかをどのような指標で評価されるのでしょうか？「二つのリ」から観られます。一つ目のリは、利益（interesting）の「リ」、二つ目は道理（respect）の「リ」です。一つ目の「リ」は、あなたと付き合うと自分たちにどんなメリットがあるか?、二つ目の「リ」は、あなたは人として道理をわきまえていて信頼、尊敬できるか？　です。特に一つ目の利益の「リ」は国際ビジネスの現場（特にアジア諸国）においては顕著に観られます。後ほど述べますが、ここで「自己資源」の意味がでてきます。

次にグローバル人材の必要要素について、以下の五つにまとめました。

①環境適応力

外国は、言葉も食事も生活習慣も環境も日本と違います。生活に不自由なく、住み慣れた日本と違い不便なことはやはり多いです。その違う環境に対して自分をいかに適応させていけるかどうかは、グローバル人材の最も大切な要素だと思います。特に現地の食べ物をしっかり食べられるかは重要。人間は食べないと生きていけませんから。

②旺盛な好奇心

海外に仕事や留学に来ている日本人からこういう愚痴をよく聞きます。「日本だったら○○なのに…。」「現地の人の言動が理解できない…。」外国なのですから、日本と違いがあるのは当然です。日本の良いところもあれば悪いところもあり、その国の良いところもあれば悪いところもあります。その違いを楽しめるかどうか。違いに対して、「なんで違うんだろう？　面白いな～」と好奇心を持ってワクワクできるか。違いを受け入れ、理解し、その国の良いところを好きになれる人です。

③体力・知力・気力

簡単に言えば、この三つの力を人間としての根源的な「生きる力」（バイタリティ）と言い換えることができます。海外という未知の世界を生きていくということは、冒険に近いです。それぞれの力を磨き、大きくすることで、冒険から得られる果実はより豊かになります。また、もし皆さんが海外で起業し、会社経営をするとしたら、この三つに加え「胆力」（何事にも動じることのない強い気持ち）という力が必要になることを付け加えておきます。

④人間力

人間力を一言でいうと、言語・文化・宗教・習慣・価値観などの違いがあっても、「一人の人間」として相手から尊敬される魅力といえます。嘘をつかない、言ったことを守る、相手を思いやる気持ちがある、人情の機微がわかる、勤勉で努力を惜しまない、「違いを違い」として尊重と寛容な気持ちで受け入れることができる、などができる人たちです。ビジネスの世界で成功している人たちは、一様にこの人間力が高い。これは学歴が高いとか、学校の成績が良いとかとは比例しない力です。

⑤語学力（日本語能力を含む）

グローバル人材と聞くと、英語は必須要件と最初に思い浮かぶのではないでしょうか？　欧米はもちろん、アジアにおいても、ビジネス言語は英語です。英語はグローバルで活躍するために必要な運転免許証のようなもので、当然習得すべきスキルです。いくらＡＩ自動翻訳機の精度が上がり、意思疎通ができるようになったとしても、信頼関係は生まれません。人と人が心から繋がり、信頼関係を築けるのは、下手でも自分の言葉で、本心から伝える言葉と、「伝えたい」という想いです。海外で仕事をスムーズにやるには、たとえば英語はTOIECで800点以上、中国語はHSK6級以上はあったほうがよいでしょう。

しかし、一方で英語が堪能な人が、必ずグローバル人材か？というと、実はそうでもないのも事実です。言葉が得意でない方でも世界で活躍する人はたくさんいます。大事なのはグローバル人材である前に、「優れた日本人」であることです。自国の文化・歴史・経済を知り、自国に誇りを持ち、自国を愛し、日本人としてのアイデンティティを確立していることが大切です。そして、大事なのは日本語力を磨くことです。思ったこと、考えたことを抽象概念にする力は母国語の日本語にあります。日本語でうまく説明できないことを、外国語で説明するのは不可能です。良書をたくさん読み、語彙を増やし、自分の考えを正確に日本語で表現できることが大切です。

(3) 成長市場にこそチャンスがある――中国、東南アジア、インド

グローバル人材は、「個の力で世界のどこでも活躍できる人」と定義しましたが、実際にはどの場所で、自分のポジションを取るかを決めなければいけません。日本ではいまだに米国や欧州への憧れや信仰が強く、アジアを下に見る傾向が根強いと感じます。欧米で働くのは良いけど、アジアはちょっと…。というビジネスマンの声はいまだによく聞きます。

しかし、かつて数百年の間、世界を席巻した米国、欧州、日本といった地域は成熟期を終えており、今後経済力が著しく伸びることは難しいでしょう。米・欧・日に代わって、世界経済の中心になってくるのは中国、東南アジア、インドといったアジア諸国です。その最大の理由は、世界の半分以上を占める40億人という人口と、人々の豊かさへの渇望です。欧米全体の人口が8億人ですから、アジアには欧米の5倍のチャンスが存在していると言えます。グローバル人材として活躍の場を選ぶなら、成長市場という「上りのエスカレーター」に乗るべきです。では、中国、東南アジア、インドの可能性を皆さんと一緒に見ていきましょう。

①中国の可能性

まずは、現在も米国とともに世界経済を牽引している中国です。人口は世界一の14億人（日本の12倍）。面積は960万平方メートル（同25倍）の大国です。GDPは世界2位ですが、2030年には米国を抜き世界一になると予想されています。現在激しく対立している米中貿易摩擦の背景は、両国による世界の覇権争いといえます。

中国は1950〜60年代に起こった「大躍進運動」や「文化大革命」など国政の大混乱による影響で、経済発展は著しく遅れていましたが、1979年の「改革開放」以来、共産党一党体制の下、急速な高度成長を遂げました。「世界の工場」を経て、巨大な内需市場を持つ「世界の市場」に生まれ変わりました。また、メイドインチャイナは「安かろう悪かろう」の代名詞のように言われてきましたが、現在ではキャッシュレス、シェアリングエコノミーなどの先端ITサービスのほか、スマホやドローン、VRなどのハードウェアなど、多くの分野で世界の技術革新をリードする国になっています。現在注目されている米中貿易摩擦や香港の民主化運動の影響や、国内に抱えるウイグル族などの民族問題、共産党一党独裁の政治的問題はありますが、少なくともこの20年は世界経済をリードし続けていくでしょう。

②東南アジアの可能性

東南アジア諸国の人口は6億2000万人（日本の約5倍）で、域内経済規模は2・4兆ドルで世界7位。2030年には欧州を超える市場になると予測されています。豊富な若年人口と経済成長の潜在性がこの地域の魅力といえます。

世界の金融・物流のハブ機能を確立し、世界から優秀な人材を結集させ高度な発展を続けるシンガポール。域内最大の人口と面積を持ち、経済的潜在力が高いインドネシア。域内の中心に位置し「バーツ経済圏」を拡大するタイ。若年人口層が分厚く、豊かさへの渇望が高いベトナム。中東イスラム市場へのゲートウェイを目指すマレーシア。その他フィリピン、カンボジア、ミャンマーなど、個性的な国々が日本を含む外国資本や技術と結びつき、急成長を遂げています。

これら東南アジア諸国と日本企業のビジネス関係でいうと、太平洋戦争時代に日本が現地の人々に残した「爪痕」がいまだに残っているのも事実。しかし、総体的には親日的で、文化的にも価値観的にも親和性が高いので、日本企業にとって現地でのビジネスは展開しやすいと言えるでしょう。

③インドの可能性

インドの人口は世界2位の13・3億人（日本の11倍）、面積は世界7位の327万平方キロメートル（同9倍）。人口は2020年代に中国を抜いて世界最大になると予測されています。インド人民党を率いる現政権のモディ首相は清廉さ、合理性、実力を備えたリーダーで、ヒンドゥー至上主義を掲げる民族主義的な側面も指摘されますが、ヒンドゥー教徒が約8割というインドの民族構成を背景に支持を集めて政治改革を進めています。一方、イスラム教徒を中心に「社会のヒンドゥー化」に対する懸念の声が上がっていて各地で抗議デモが起こっています。パキスタンとバングラディッシュというイスラムの国家を隣国に持つインドにとって、イスラム教徒との融和は国内外の大きな課題の1つでしょう。また直近の首都ニューデリーの議会選挙結果を見ると、インド人民党は議席をかなり減らしたようです。とはいえ、諸条件が噛み合えば2025年頃から高度経済成長が始まると言われています。

日本との関係で言えば、日本企業のインド進出も加速しており、17年は1500社近くと東南アジア主要国に匹敵するほど進出が進んでいて、今後10年における日本企業の有望事業投資先の調査ではインドが第1位になっています。これは中国に次ぐ世界最大市場という経済的ポテンシャルとともに、日米が提案する「インド太平洋構想」をベースに日本とインド両国の政治・経済・外交における友好関係が強固に結びついていくと予想される期待感があるためです。

中国、東南アジア、インドの可能性を見てきましたが、現在は「リオリエント（東方回帰）」という現象が進んでいます。アンドレグンダー・フランクが著書『リオリエント』で指摘するように、有史以来1800年ごろまでは中国とインドが世界の中心で、思想や宗教、学術・文化、政治の諸制度、経済で世界に大きな影響を与えてきました。世界のGDPの60～70％は両国で占められていて、ヨーロッパは世界の周辺地域に過ぎませんでした。

世界の潮目が変わったのは18世紀後半のイギリスの産業革命。機械制工業の発達により生産力が飛躍的に拡大し、経済力・軍事力を背景に欧米列強が中国、インド、東南アジアの植民地化を進めた結果、アジア諸国の経済発展が阻害された期間が200年近く続きました。今を生きている我々日本人が欧米に対するイメージが良く、アジア諸国を下に見る傾向がある背景はここにあると思います。しかし、歴史的に見ると、中国とインドが世界の中心でなかったのは、実にわずかな期間でしかなかったのです。そして21世紀の現在、中国とインドを中心としたアジア地域の発展、というよりも「復活」が現実のものとなっています。

今後20年、皆さんが社会に出て活躍する時代は、中国、東南アジア、インドが、世界経済の主役になることは疑いようがありません。繰り返しますが、ビジネスの要諦の一つは、上りのエスカレーターに乗ることです。それを念頭に置いてほしいと思います。

4　学生時代にすべきこと

最後に、皆さんが学生時代にすべきことをお伝えします。20年に及ぶ海外ビジネス、そして海外で起業・会社経営をしてきた経験から、学生だった頃の自分が知っていたらよかったなと思うことです。社会に出る前に意識的に取り組んだほうがよいことについて、皆さんと考えてみましょう。

Q：社会に出る前、学生時代にすべきことはどんなことでしょうか？
A：

（1）「自己資源」を蓄えること

高校や大学を卒業して、社会に出る前に知ってほしい一つの現実があります。それは、社会に出ると、厳しい生存競争社会が待っているということです。今までは家族や学校からある程度守られて学業に専念できる環境だったと思いますが、社会に出ると生き馬の目を抜くような厳しい競争社会が待っています。学生時代の終わりと、社会人時代の始まりは、長編映画にたとえると、第一部完結、第二部開始ぐらいの一つの大きな区切りとなります。

安定を求めて大企業に就職できたとしても、定年まで働ける保証は何もない時代になりました。今の時代は大企業でも外部環境の変化に対応できないと、転がる石のように奈落に転落し、消滅するか、買収される時代です。それほど現代経済の環境変化は速く、ダイナミックに動いています。公務員もまた然り。少子高齢化で人口が減り、経済が減速すると税収が悪化します。こういった環境下では、公務員職の削減は必然の流れになります。大企業や公務員の安定は保障されない時代になりました。まさにこれからの社会は、一寸先は闇なのです。

その厳しい生存競争の中で生き抜いていくためのヒントを伝えたいと思います。まず、左の図9・3を見てください。

この図式は、私が海外という「アウェイ」で長年仕事をしてきた中で常に意識して実践してきたことです。まず、①「外部環境を知る」ですが、これは広義で世界の政治・経済・外交などの世界情勢、地震や台風などの自然災害や戦争までのことを指し、狭義では自分の家族や会社など周囲の環境を含む総称を「外部環境」と呼びます。この外部環境は、どの環境で生きるかということですが、コントロールできるものとできないものがあります。たとえば就職や進学などは自分で選ぶことはできますが、世界情勢や自然災害は自分ではコントロールできません。

二番目の「自己資源＝リソース（Resource）」ですが、これは社会で生きていくための、皆さん自身の社会的な「価値」や「武器」と言い換えることができます。企業の経営資源は、ヒト・モノ・カネ・情報に括られますが、経営とはこれら資源を最適化し、チャンスに投資して、リターンを得る行為です。そして、この資源は、個人としても同じように当てはめられます。たとえば、ヒトは人脈、モノは語学力、会計知識、ＩＴリテラシーなどの教養や知識やスキル、カネは資産、情報は（質の高い）情報やそれを分析する思考力です。ロールプレイングゲームの主人公が、冒険の途中で仲間を増やしたり、敵を倒したり、宝を見つけたりしながらさまざまな経験値を増やして強くなっていきますが、そのイメージだとわかりやすいかもしれません（図９・４）。

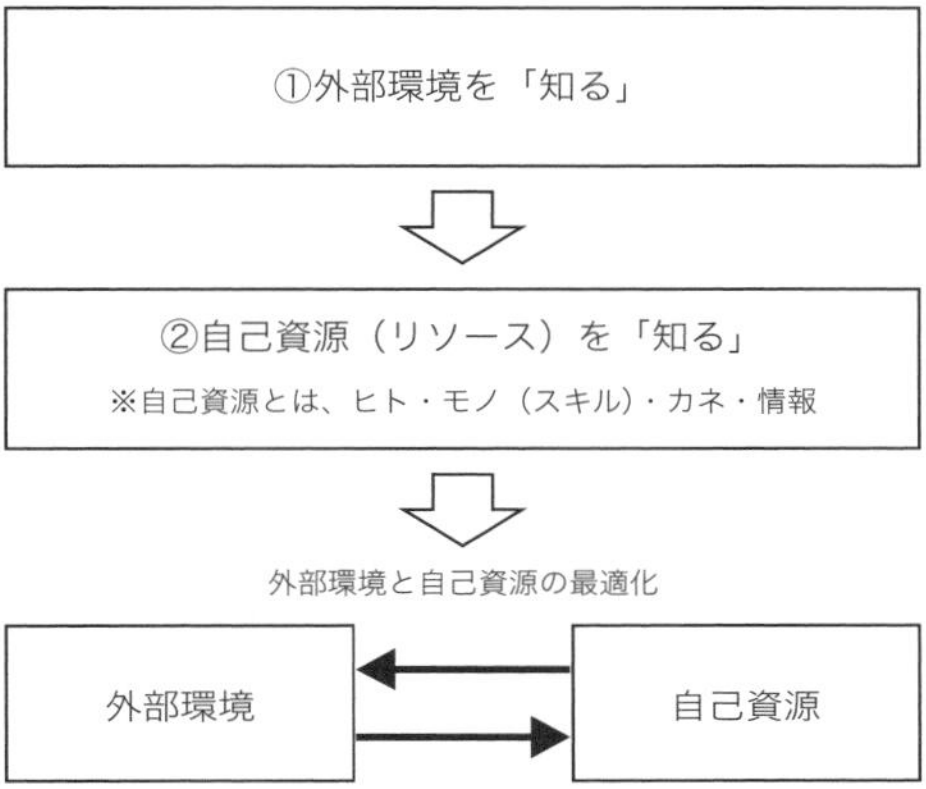
①外部環境を「知る」
②自己資源（リソース）を「知る」
※自己資源とは、ヒト・モノ（スキル）・カネ・情報
外部環境と自己資源の最適化
外部環境
自己資源

図９・３　厳しい生存競争を生き抜くための原理原則（筆者作成）

皆さんが社会に出て、厳しい生存競争を生き抜くためのポイントは、「外部環境」と「自己資源」の最適化にあります。これは海外でも国内でも社会で生きていく限り、同じ原理原則となります。社会で成功している人たちは、自己資源の要素が大きく、か

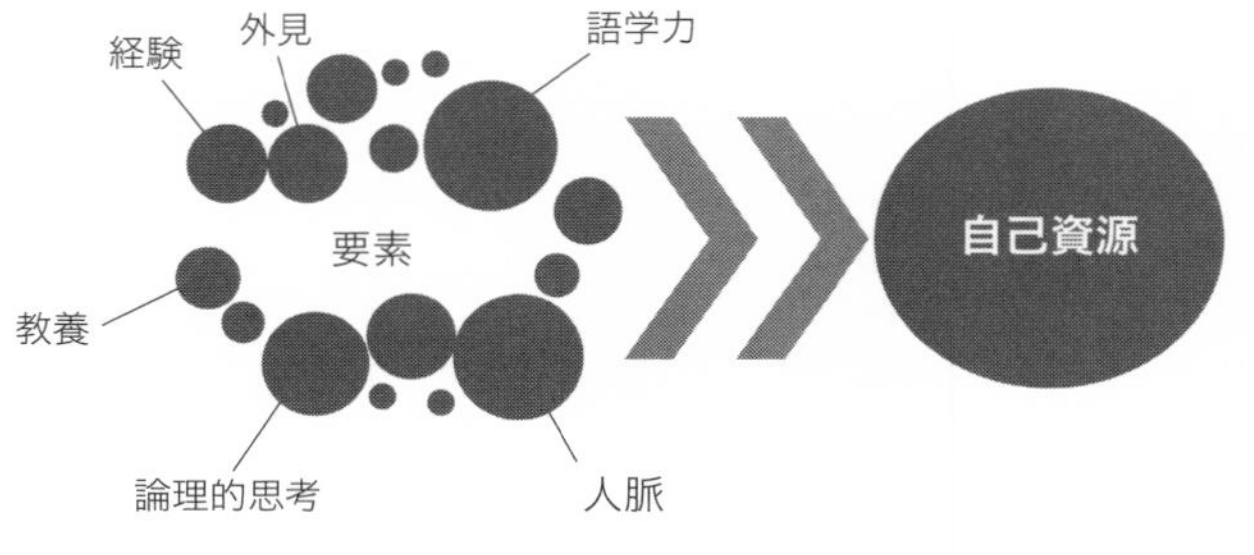

図9・4　自己資源の構成要素（筆者作成）

つ豊富です。学生時代にすべきことは、社会に出る前にこの自己資源を増やす準備を始めることです。

（2）夢中になれる「何か」を見つけること

では、自己資源をどうやって見つけ、どう蓄えを始めればいいのでしょうか？そのための手順としては、まず自分自身を客観的に分析してみることから始めたらよいと思います。そのための分析ツールとして、企業の経営戦略などで使われる「SWOT分析」を使ってもよいでしょう。自分の強み（Strength）、弱み（Weakness）、機会（Opportunity）、脅威（Threat）の四項目から構成されていて、それぞれのマスに箇条書きで埋めていけば自分自身のことと外部環境のことが整理できます（図9・5）。

皆さんはこのSWOT分析をやってみて、弱みはたくさんあるけど、強みが埋まらないという結果になるかもしれません。でも、今は気にしなくてもよいです。皆さんはまだ20年も生きていないのですから当たり前です。これから勉強して、人との出会いや経験を積み重ねて、自分の強みを増やし、自己資源の要素にしていけばいいのです。

自己資源の選び方や増やし方のポイントですが、社会のニーズがあるから、あるいはお金が稼げるからそれを選ぶというより、自分自身が寝食も忘れるぐらい夢中になるほど楽しいと思えることを見つけることが大切です。それは、語学でもよいし、旅行でもよいし、運動でもよいです。その時は何の役に立つかわからないようなことでも、突き詰めて習得していくことで、将来的に社会人として働く時に大きな強みになることもあります。

漫然と日常を過ごすのではなく、自分をワクワクさせてくれる何かを自分で探し続けること、手を伸ばし続けることです。人生は長いようで短いものです。学生時代もあっという間に終わりがやってきます。時間を大切にしてください。世の中は決してバラ色ではありません。平等ではなく、むしろ不条理なことばかりで、楽しいことより苦しいことの方が多いのが現実です。しかし、時間だけは誰しも平等にあります。いかに時間を有効活用していくかが人生を豊かにするポイントになります。

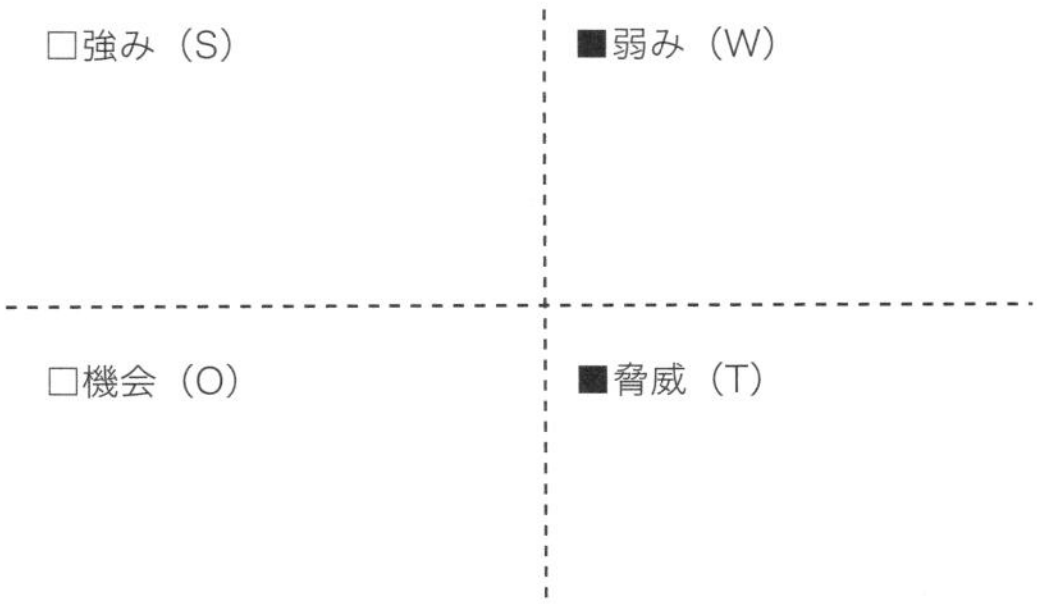

図9・5　SWOT分析（筆者作成）

皆さんは、夢がありますか？　将来自分がこうなりたいという姿を描けますか？　夢はとても大切です。人は夢で描いた自分の姿以上にはなりません。しかし、現実には多くの学生さんから「夢がありません。どうしたらいいですか」という相談を受けます。なぜ夢が描けないか？　その大きな理由は、世の中のことをよくわからないために、選択肢が少ないからだと思います。これはかつての学生時代の私もそうでしたからよくわかります。では、どうしたらいいのか？

まず色々な世界を「知る」ことです。「知る」ために、「行動する」ことです。ではどんな行動をすべきか？　三つのこと実践してほしいと思います。

①たくさん本を読み
②たくさんの人と出会い
③たくさんの場所に行く

難しいことではないと思います。今からでもすぐに始められます。学生時代に、未知の世界を積極的に「知る」ために「行動」してください。常識だと思っていることの多くは、実は常識ではないことが多いものです。たくさんの書物を読み、たくさんの良い人たちと出会い、そして研鑽し、未知の世界を探求すること。その過程の中で自分が熱中できるほど、面白いと感じられる、「何か」を見つけ、行動することができたとしたら、社会に出る前の準備はできたと言えるのではないかと思います。

(3) 起業のススメ

皆さんはこれから進学や就職などさまざまな意思決定をしていくと思います。その際に判断基準となる「常識」や「イメージ」について考えてみましょう。たとえば、大企業に入ると人生は安泰とか、この業界であれば将来性があるとかいった「常識」や「イメージ」が頭の中にあるでしょう。しかし、常識というものは、時代や場所によって常に変化していくもの。イメージもメディアなどの媒体を通じて意識づけられていることが多いです。常識やイメージを「それは本当か?」疑うことが必要です。

私の住んでいる中国はメディア統制の非常に強い国です。人口14億人の中に56民族が共存する国で、政権を担う中国共産党は、社会の発展と安定を第一優先に国家運営していますので、社会に混乱を招く恐れのある報道や言論の自由は基本的に保障していません。そのためメディア情報にはかなり偏りがあります。だから逆に中国人は、メディアを最初から信用していなくて、友人、知人など国内外の人的ネットワーク網を張り巡らせ、リアルな最新情報の入手に余念がありません。

一方、我々日本人はどうでしょう? 多くの日本人は素直にメディア情報を信じる傾向が強いように見えます。今ある常識やイメージは、新聞やネット記事などの媒体を基に意識づけされていることが多いと思いますが、そもそも私たちが日常的に情報を入手する日本のメディアには公平性があるのでしょうか? 国際ジャーナリスト組織、「国境なき記者団」の世界報道自由度ランキングによると、日本は、ランキング対象の世界180か国のうち、なんと67位。調査機関から「多様な報道が次第にしづらくなっている。問題ある状況」と指摘されています（『日経新聞』2019年4月18日付）。日本は民主主義国家で、表現の自由も保障されているという理由で、既存のメディア情報を鵜呑みにするのは危険です。人が作っている限り100％正しい情報はないと思った方がよいです。

メディアは時の政策によって影響されますし、民間企業である限り商業的側面があります。需要にあわせて供給する「需給バランス」の原則が働きます。つまり、需要（情報を得たい人）が、そのニュースを聞いて、見て、知って、心地よく感じる、そういう求められる情報を提供しがちになります。いわゆる、「快楽報道」と呼ばれるものです。メディア情報を鵜呑みにせず、疑問を持つこと。疑問を持ったら自分なりの手段で調べて見ることが大切です。そして、事実を知るには、できるだけ「一次情報」と呼ばれる生の資料や実際の現場を見て、肌感覚を得ること。その分野に詳しい先生や専門家に聞いて検証して、自分なりの回答を見つけることが必要です。

この世に生まれ、学校で学び、卒業し、会社に入り、結婚し、出産し、子育てし、退職し、老後を過ごし、死を迎える。単純化して言えば、人はこのような人生のロードマップを歩みますが、これら全てのステージを全ての人が必ず通過するわけではありません。皆さんにはそれぞれの生き方があります。「現状維持はリスク」の時代と呼ばれています。「良い大学に入り、大企業に入れば、人生安泰」。昔は当たり前に言われていましたが、それは今では幻想に過ぎません。現代はかつて人類が経験したことのないほど、変化のスピードが速い時代。新しい技術が世に出れば産業構造があっという間に変わり、業界自体が消滅することも珍しくありません。人生のロードマップは、一つではありません。「常識」を疑い、自分の可能性を信じて、まずは目の前の今を一生懸命に生きてほしいです。

私は、人は自分の人生をコントロールすることができれば、人生の幸福度を上げられると思っています。もちろん社会生活を送る限り、人生を100％コントロールすることはできません。先に述べたように特に外部環境は自分の意思では制御できないことがほとんどです。ただ、自分の人生をコントロールしやすくする方法はあります。それは受け身にならず主体的に自分の人生を切り開くことです。中国語に「被动（beidong）」という言葉があります。「受け身の人生」という意味で、極めて悪い意味で使われ、家庭教育で「被动ではない人生を送りなさい」と教えられます。人生の主役は自分自身。人生という一生の舞台を、自分でシナリオを描き、主役を演じていくことで、幸せな人生を得られるという考え方は、私たちも参考にできます。

高校や大学を卒業し、社会に出て組織で仕事をする限り、自分のやりたいことと、組織としてしなければならないことにギャップが生じることは多いでしょう。たとえあなたが大変優秀で仕事の能力があったとしても、その組織の派閥や政治力学によって、望むようなキャリアを送れないことは少なくはありません。結果として、能力や情熱が発揮できず会社に自分の時間を切り売りし、「こんな人生ではなかったのに…。」と無為に生きている大人はたくさんいます。世の中は不条理なのです。

しかし、もしあなたが、世の中にどのような価値を提供できるかを考え抜いて、どうしても達成したい事業があり、それに向かう高い志、熱い情熱、覚悟があれば、将来的に思い切って自分で起業することをお勧めします。会社経営は生半可な気持ちではできない大変な仕事です。血反吐を吐き、命を削るような思いもしなければなりません。しかし、その一方で、自分がやりたいこと、思い描いたことを、世の中に問える「自由」を得られます。自由とは、「自ら由とすること」、自分で自分のことを決められることを意味します。起業し、会社経営することは「自分でコントロールできる人生を送る」手段としては、最適な人生の選択と言えるでしょう。

5　おわりに——グローバルという未知の世界へ

「どうして英語が話せないの?」とマレーシアのお母さんから言われて、海外という外の世界に目覚めて四半世紀が経ちました。その後20年間、さまざまな国で仕事させていただき、外から日本という国を見つめることができました。その結果、私は日本の将来に対して、とても強い危機感を覚えるようになりました。日本はこのままでは先がない…と。人生の折り返し地点である40歳を過ぎた頃、私はこれまで人から与えられるだけの人生だったのを、少しでも与えることができる人になりたいという思いを持つようになりました。

海外ビジネスを通じて得られた知識、経験、人との繋がり、という私の自己資源を、故郷日本のため、次世代の日本を担う若者たちにバトンを繋ぎたいと切望しています。これが私の志です。海外ビジネスの醍醐味は民族、宗教、価値観の異なる人々と理解し合い、同じ目標を達成したときの感動にあります。違いはあるけれど、所詮同じ人間なのだという、当たり前の事実を再認識し、違いを乗り越える。その瞬間にゾクゾクと鳥肌が立つような感動を覚えます。そんなグローバルな世界の醍醐味を皆さんに伝え続けていきたいと思っています。

私は帰国子女でもなく、最初からグローバル人材だったわけではありません。九州の片田舎にある学生寮の息子に過ぎませんでした。パスポートすら20歳まで持っていませんでした。それでも、未知の世界を知りたいという思いで、一つ一つの目の前にあるドアを開け続け、階段を登り続けた結果、グローバル人材と呼ばれる人になれました。そこに至ることができたのは、未知の世界への強い好奇心と実際の行動、そして周囲のたくさんの方々の支えがあったからこそです。

人生は長いようで短い。死に際に「あっという間だったな」と思う自分を想像できます。短い人生を悔いのないよう精一杯生きるために、目の前にやってみたいなと思うことがあれば、躊躇せずにやった方がよいです。大概のことは、やることのリスクより、やらなかったことで本来得られたはずのチャンスを失う方が大きいです。現状維持でいい、と思った途端に、成長は止まります。外の世界では、絶え間ない進化と発展が続いています。何もせずに同じところに止まっているのは、実は最大のリスクなのです。

そして、皆さんには社会に希望を持ってほしい。日本の持続的成長はすでに終わりを告げ、停滞から抜け出せない状態です。予測不能で、不確実な時代はこれからも続いていくでしょう。しかし、不確実な時代だからこそ、逆にチャンスは多い。答えがないところに、自分の知識、経験、人脈、直感をぶつけて、答えを生み出していく力をつけてください。やりたいことのほとんどは、高い志と熱い情熱があればできます。皆さんの心の中にある志と情熱を持って、まだ見ぬグローバルという未知の世界への冒険に旅立ちましょう。

最後にイギリスの詩人、ジョン・ダンの詩の一節を皆さんへのエールに送ります。

「奇なる眼を持ち生まれしならば
視えざる物も見にいくべし
一万の昼と夜を越え
時が君を白髪に変えるまで」
（イギリスの詩人、ジョン・ダン）

If thou are born to strange sights,
Things invisible to see,
Ride ten thousand days and nights,
Till age snow white hairs on thee.
(John Donne, 1572-1631)

最後まで読んでいただき、ありがとうございました。
いつか、世界のどこかで、皆さんと出会える日を楽しみにしています。

Q：グローバル人材とはどのような人のことですか？　この章を読む前、読んでいる時と、読んだ後では考えがどのように変わりましたか。

A：

- 読む前：
- 読んでいる時：
- 読んだ後：

Q：あなたはグローバル人材になりたいですか？　なりたくないですか？　それはなぜですか？

A：

今村 和宏（いまむら・かずひろ）
一橋大学教員。オーストリアで5年半留学生活をし、イタリアの大学で7年日本語を教えてから、1991年より大学教員。趣味は有機素材にこだわった料理作り、DIY、山登り。夢は電力会社などへの依存度を下げ、50％実現済みのエネルギー自給を10年以内に完成させること。
▷読者へのメッセージ：気になったことは、ちょっと考えたり調べたり、他の人と話したりすると、いろいろとおもしろい発見がありますよ。

志田 陽子（しだ・ようこ）
武蔵野美術大学教員（憲法）。「表現の自由」や文化芸術政策と憲法の関係を研究テーマにしています。
▷読者へのメッセージ：「法」を身近なものとして理解してもらえることが願いです。音楽や映画などの文化から憲法の歴史的背景を読み解く講演活動も行っています。主著『「表現の自由」の明日へ』（大月書店、2018年）。

佐藤 友則（さとう・とものり）
信州大学教員。企業で2年勤めた後，日本語教師になり、東京・仙台・韓国で教えたり大学院で研究したりしてから1999年に信州大に。留学生など客をよく呼んでは特技のインド料理をふるまっている。趣味はカメラと食べ歩き。30か国歩いたが50か国が目標。
▷読者へのメッセージ：不確実&不安定な時代、それをむしろ楽しんで、失敗しながらどんどん成長していく元気な人になってってください。

古閑 涼二（こが・りょうじ）
UTSグループCEO。信号電材海外事業室室長。海外キャリアは22年。中国、台湾、東南アジアを中心に、中東ドバイや欧州など豊富な海外ビジネス経験を持つ。現在は、上海、香港、日本を拠点に、「Made in Japanを世界に」を使命とし、日本企業の海外進出を支援している。趣味は、読書と筋トレ。最近はサルサダンスも。次の目標はサーフィン。将来の夢は、南国の海辺で晴耕雨読の日々。
▷読者へのメッセージ：いつか、世界のどこかで、皆さんと出会える日を楽しみにしています。

◎執筆者紹介（執筆順）

名嶋　義直（なじま・よしなお）
琉球大学教員。銀行で5年勤めた後、アジア放浪の旅に出た。帰国後は日本語教師（非常勤）をしながら大学院で勉強し2004年より大学教員。2011年の東日本大震災・原発事故を契機に生き方を大きく変えた。2016年に沖縄に移住。趣味は一人旅と自転車やバイク。最近はスケートボードも。次の目標はサーフィン。将来の夢は自給自足の隠遁生活。
▷読者へのメッセージ：あなたが生きていることには意味があります。あなたが生きていることで幸せになれる人がいます。自分らしく自由に生きて人生を楽しんでください。

寺川　直樹（てらかわ・なおき）
長野県立大学教員。大学3年時に東日本大震災に直面。災害ボランティア活動を通じて編者と出会う。その後大学院に進学し、研究の傍らボランティア活動を継続。2018年より大学教員。趣味は読書（≒研究）とランニング。
▷読者へのメッセージ：あなたにとって、「生きる」とはどういうことですか。今の私なら、「問いつづけること」だと答えます。さあ、批判的に考えてみてください。

田中　俊亮（たなか・しゅんすけ）
教育関連会社に勤務。大学院を卒業後は塾教師となり、2018年に現職へ転職。中学校から大学まで、吹奏楽やオーケストラでホルンに熱中。最近は子育てで試行錯誤…。
▷読者へのメッセージ：人は平等なのに、なぜ先生や先輩には敬語で話すのか。中学生のときから疑問でした。疑問は「批判」の出発点です。皆さんの疑問、大切にして下さい。

竹村　修文（たけむら・おさふみ）
高知県立高知北高等学校通信制課程教員。2020年4月より高知県立安芸高等学校教員。
▷読者へのメッセージ：なぜ高校へ進学するのか、なぜ働くのか、人の数だけ考え方があります。めざす頂点は同じでも、そこへ向かう道筋は人それぞれ。本書を読んでくださった方々がそれぞれのタイミングで、めざす人生へ向けてスタートしてくれることを願っています。

後藤　玲子（ごとう・れいこ）
一橋大学教員。新潟県の高田という雪の深い地で生まれた。小学校への道すがら、このまま雪に埋もれてもだれも気づかないだろうなと思ったことがある。
▷読者へのメッセージ：ずっと自由が好きだった。いまでも心の奥底に自由はある。けれど、最近は平等が気になる。事実として人は違っていい。人と人とを比較することなど、とうてい不可能だ。でもだからこそ、規範としての平等が、とてつもなく重要になってくる。人を平等に扱うべし、理由はいらない。

10代からの批判的思考

社会を変える9つのヒント

2020年4月24日　初版第1刷発行
2021年4月9日　初版第5刷発行

編著者：名嶋　義直
著　者：寺川　直樹
田中　俊亮
竹村　修文
後藤　玲子
今村　和宏
志田　陽子
佐藤　友則
古閑　涼二

発行者：大江　道雅
発行所：株式会社明石書店
〒101-0021
東京都千代田区外神田6-9-5
TEL　03-5818-1171
FAX　03-5818-1174
https://www.akashi.co.jp/
振替　00100-7-24505

装丁：谷川のりこ
組版：朝日メディアインターナショナル株式会社
印刷・製本：モリモト印刷株式会社

（定価はカバーに表示してあります）　ISBN978-4-7503-5010-3